我国公募基金的羊群行为：
成因及其投资绩效的研究

薛文骏　著

上海大学出版社
·上海·

图书在版编目(CIP)数据

我国公募基金的羊群行为:成因及其投资绩效的研究 / 薛文骏著. —上海:上海大学出版社,2023.3
ISBN 978 - 7 - 5671 - 4689 - 1

Ⅰ.①我… Ⅱ.①薛… Ⅲ.①投资基金—研究—中国 Ⅳ.①F832.51

中国国家版本馆 CIP 数据核字(2023)第 051599 号

责任编辑　王　聪
助理编辑　夏　安
封面设计　倪天辰
技术编辑　金　鑫　钱宇坤

我国公募基金的羊群行为:成因及其投资绩效的研究

薛文骏　著

上海大学出版社出版发行
(上海市上大路 99 号　邮政编码 200444)
(https://www.shupress.cn　发行热线 021 - 66135112)
出版人　戴骏豪

*

南京展望文化发展有限公司排版
上海颛辉印刷厂有限公司印刷　各地新华书店经销
开本 710mm×1000mm　1/16　印张 10　字数 163 千字
2023 年 3 月第 1 版　2023 年 3 月第 1 次印刷
ISBN 978 - 7 - 5671 - 4689 - 1/F・231　定价　78.00 元

版权所有　侵权必究
如发现本书有印装质量问题请与印刷厂质量科联系
联系电话:021 - 57602918

目 录

第1章 我国公募基金的背景和发展介绍 ·········· 1
  1.1 早期探索阶段 ·········· 1
  1.2 新的序章开启 ·········· 4
  1.3 基金行业现状 ·········· 13

第2章 我国公募基金的羊群行为分析 ·········· 21
  2.1 基金羊群行为的含义 ·········· 21
  2.2 公募基金的羊群行为的实证分析 ·········· 24
  2.3 我国公募基金的羊群行为的测度 ·········· 25

第3章 公募基金的羊群行为对股票表现的影响 ·········· 28
  3.1 我国公募基金的羊群行为对股票收益率的影响 ·········· 28
    3.1.1 公募基金的羊群行为与股票收益率的面板回归分析 ·········· 29
    3.1.2 分样本检验 ·········· 31
    3.1.3 稳健性检验 ·········· 36
  3.2 公募基金的羊群行为对股票风险的影响 ·········· 38
    3.2.1 公募基金的羊群行为特质波动率的面板回归分析 ·········· 40
    3.2.2 分样本检验 ·········· 43
    3.2.3 稳健性检验 ·········· 50
  3.3 公募基金的羊群行为对股票联动性的影响 ·········· 54
    3.3.1 公募基金的羊群行为与股票联动性的面板回归分析 ·········· 54

3.3.2　分样本检验 ··· 59
　　3.3.3　稳健性检验 ··· 64

第 4 章　我国公募基金的羊群行为成因分析 ······························ 71
　4.1　基金特征与基金羊群行为文献综述 ································· 71
　4.2　股票收益率对于基金羊群行为的实证分析 ······················· 73
　　4.2.1　分样本检验 ··· 76
　　4.2.2　宏观外部冲击 ··· 80
　4.3　股票特质波动率对于基金羊群行为的实证分析 ················· 85
　　4.3.1　分样本检验 ··· 88
　　4.3.2　宏观外部冲击 ··· 91
　4.4　股票联动性对于基金羊群行为 ······································ 97
　　4.4.1　分样本检验 ··· 100
　　4.4.2　宏观外部冲击 ··· 104

第 5 章　公募基金的羊群行为——基于美国市场的比较研究 ········ 110
　5.1　美国公募基金的羊群行为分析 ······································ 110
　5.2　美国公募基金的羊群行为对股票表现的影响 ···················· 112
　　5.2.1　美国公募基金的羊群行为对股票收益率的影响 ········· 112
　　5.2.2　美国公募基金的羊群行为对股票特质波动率的影响 ··· 115
　　5.2.3　美国公募基金的羊群行为对股票联动性的影响 ········· 119
　5.3　美国基金的羊群行为成因研究 ······································ 123
　　5.3.1　股票个股收益率对于基金羊群行为的实证分析 ········· 123
　　5.3.2　股票特质波动率对于基金羊群行为的实证分析 ········· 127
　　5.3.3　股票联动性对于基金羊群行为的实证分析 ··············· 131

第 6 章　结论和政策建议 ·· 136
　6.1　主要研究结论 ·· 136
　　6.1.1　我国公募基金的羊群行为对于股票市场的影响 ········· 136
　　6.1.2　我国公募基金的羊群行为的成因 ··························· 138

  6.1.3 公募基金的羊群行为的中美比较研究 ……………… 139
6.2 政策建议 …………………………………………………… 141
  6.2.1 改善证券投资基金的外部环境和监管 ……………… 141
  6.2.2 解决证券投资基金的内部人控制问题 ……………… 142
  6.2.3 建立一个完整的证券投资基金评价体系 …………… 143

参考文献 …………………………………………………………… 145
后　记 …………………………………………………………… 154

第1章
我国公募基金的背景和发展介绍

中国国内的基金发展萌芽于20世纪90年代,到如今也已经有30多年的发展历史。国内基金发展并不是那么一帆风顺,在《证券投资基金管理暂行办法》(以下简称《暂行办法》)出台之前,基金行业的发展略显无序。随着中国市场的不断发展与成熟和对市场法制法规的不断完善,国内的基金行业逐渐步入正轨并飞速发展起来。

1.1 早期探索阶段[①]

1990年底,上海和深圳两地证券交易所分别正式开业和试营业,投资基金这一舶来品也迅速在新生的证券市场破土扎根。1992年11月,淄博基金获得了中国人民银行总行的批复,成为国内第一家由中国人民银行总行正式批准成立的投资基金公司,也是第一只由中国人民银行总行批准设立的公司型封闭型投资基金。同年12月15日,淄博乡镇企业基金首期基金券开始发售。首期额度1亿元,每份面值1元,发行价格1.03元。淄博基金的宗旨是以新的融资方式支持淄博市乡镇企业的发展,它的章程规定,不低于60%的资金将投向淄博地区乡镇企业,其余部分投资于国家债券、金融债券、企业债券和上市公司股票。淄博基金的发行,引起了基金行业发展的一波小高潮。

从1992年开始,国内投资基金进入了黄金发展期,特别是在1992年年初邓小平视察南方讲话之后,全社会的思想开始在经济上形成一股合力。1992年3

---

① 本节内容主要参考《基金》(中信出版社2019年版)第一章的内容进行整理。

月,中国农村发展信托投资公司北京证券业务部发行基金2 000万元,由于投资者超额认购,后经批准规模增发到8 000万元;1992年4月1日,农业银行沈阳信托投资公司发行受益券3 000万元,工商银行沈阳北方证券公司、交通银行沈阳证券公司紧随其后,分别在同年4月20日和5月20日发行富民、通发等基金。紧接着,兴沈、公众和万利等基金也陆续发行,这6只基金共募资2.5亿元;当年10月30日,这6只基金全部在沈阳证券交易中心挂牌上市。大连市于1992年五、六月间发行利民、大信、农信和建信4种基金证券,共募资1.6亿元,并且于1992年10月27日在大连证券交易中心开业之日上市。从1991年起步到1998年开始规范整顿期间,1992年是发行基金最多的一年,全年共批准成立基金57只。

1993年上半年,国内基金发行热继续升温。中国人民银行上海分行发布了《上海市人民币证券投资信托基金暂行管理办法》,对基金的设立、募集、托管、运作、净值计算、受益人大会等都做了初步的规范。当时,各地都自行颁布了各类基金管理办法,但大多针对基金上市的交易层面,而且条款简单,整体薄弱。而上海这部法规的涵盖范围、法规条文的深度和广度都称得上是顶尖水平。建业基金、金龙基金、宝鼎基金这3只基金从中国人民银行拿到了发行批复,于1993年9月初开始向上海市普教系统发行。3只基金各自划分了相关区县为发行对象。比如,金龙基金面向浦东新区、虹口区、闵行区、卢湾区、金山区、松江区普教系统的教师及教师奖励基金会发售;宝鼎基金面向黄浦区、长宁、普陀区等区发售;建业基金则面向闸北区、静安区、徐汇区等区发售。因此,在上海,这3只基金又被称为教师基金。建业基金的发起人是建设银行原上海信托投资公司。金龙基金的发起人是上海国际信托投资公司;宝鼎基金的发起人则是万国证券。建业基金、金龙基金、宝鼎基金这3只基金均于1996年11月29日在上海证券交易所挂牌上市交易。

基金的火热发行也带来了一波火爆的行情,特别是在1995年,从8月开始,市场一直抱有预期,宝鼎基金等3只教育基金即将上市以及基金管理办法即将出台的消息,刺激了沪深两地的基金价格大幅上涨。从1995年7月3日上证基金指数154.5的低点算起,到11月1日的449.17点,涨幅高达190.7%,远远跑赢当时的上证综指。1995年全年,沪市基金的成交额高达305.67亿元,是1994年的2.61倍,深市基金成交额也高达204.52亿元,同样数倍于1994年的成交额。

然而，投资基金业恣意生长，许多不规范的问题不断累积，逐渐暴露。1994年12月，时任中国人民银行非银行金融机构司证券管理处副处长欧阳卫民在其写就的一段文字中，指出了彼时基金的几大弊端：有的基金信息披露不足，甚至有误导作用；有的随意扩募，送配基金单位，掩盖投资风险；有的基金运作几年，管理人和信托人合二为一。中国人民银行是中国基金业诞生初期的基金主管部门之一。1992年，国务院成立证券管理委员会和中国证监会，并对证券管理体制进行了调整。当年12月，国务院发布《关于进一步加强证券市场宏观管理的通知》，规定中国人民银行负责审批和归口管理证券机构，审批投资基金证券和金融机构债券（包括信托受益债券）。1993年5月，中国人民银行下发了《关于立即制止不规范发行投资基金和信托受益债券做法的紧急通知》。这份通知用词严厉、要求明确，基本控制住了在这之后越权审批基金的势头。中国人民银行相继出台规定，老基金的不规范问题逐渐暴露，基金的发行热情已降至冰点。1994年只发行了6只基金，1995年起至1997年再无基金获批发行。

根据中国人民银行的一份统计数据，截至1997年，全国共有基金75只。其中，经中国人民银行总行批准的仅有4只，分行批准的有68只，地方政府批准的有3只。其中封闭式基金的存续期也各不相同，最短的为2年，最长的为20年，还有21只基金没有设定期限。可以看出，当年的基金市场政出多门，中国人民银行总行可以批，中国人民银行各地分行可以批，地方政府也能批，基金在形式上也多有瑕疵。此时，基金发展已经到了一个关键的节点。老基金积累的问题不断暴露，风险增加；1997年又恰逢亚洲金融危机，整顿金融秩序、防范和化解金融风险是当年的主题。

在这个背景下，《暂行办法》正式面世。1997年11月14日，经国务院批准，中国证监会以国务院证券管理委员会的名义发布了《暂行办法》，结束了之前无法可依的局面，宣告了规范化新基金时代的到来。《暂行办法》共分7章57条，涵盖了基金公司的申请设立条件，基金的募集、交易，托管人的职责，基金持有人的权利和义务，投资运作与监督管理等基金运行的各个方面，《暂行办法》明确了中国证监会将作为证券投资基金的监管机关，从此，中国人民银行基本退出了国内证券投资基金业的管理。

1.2 新的序章开启[①]

《暂行办法》的出台使基金行业正式得以规范,标志着一个新的行业诞生。1997年12月12日,在《暂行办法》发布仅仅一个月之后,证监会即发布了《关于申请设立基金管理公司有关问题的通知》《关于申请设立证券投资基金有关问题的通知》,规定了申请设立基金公司、发起基金的程序;同年12月18日,证监会再次发布了《暂行办法》实施准则一至四号:《证券投资基金基金契约的内容与格式》《证券投资基金托管协议的内容与格式》《证券投资基金招募说明书的内容与格式》《基金管理公司章程必备条款指引》。这些条款奠定了中国基金业的底层运行法规框架。

1998年3月初,国泰、南方首批基金管理公司正式成立。同年3月23日,金泰、开元首批封闭式基金上网发行,正式拉开了试点新基金募集入市的历史大幕。两只基金均为契约型封闭式基金,存续期限为15年,发行规模均为20亿份基金单位,每份基金单位面值1元。同年4月7日,基金金泰、基金开元分别在上海证券交易所和深圳证券交易所上市,两只新基金的上市激发了市场热情,基金金泰上市首日收于1.41元,中签的投资者当天收益40%;基金开元首日涨幅34.7%。

随着试点基金的成功发行,其他基金管理公司也逐渐审批下来。同年4月9日,华夏基金管理公司正式在北京成立;6月4日,华安基金管理公司成立;7月13日,博时基金管理公司成立;12月22日,鹏华基金管理公司成立。1998年全年一共成立了6家基金管理公司,发行了6只基金产品,规模合计120亿元。在1999年,管理部门又批设了4家基金管理公司。1999年3月,嘉实基金、长盛基金在北京成立;4月,大成基金、富国基金在北京成立。

1998年8月6日,经国务院批准,财政部、国税总局联合发布《关于证券投资基金税收问题的通知》,为了有利于证券投资基金制度的建立,促进证券市场的健康发展,针对证监会新批准设立的封闭式证券投资基金,对基金税收的问题从营业税、印花税、所得税三方面进行了明确。同年8月12日,中国证监会正式

[①] 本节内容参考《基金》(中信出版社2019年版)第二、三、四、五、六、八、九章进行整理。

发布《关于证券投资基金配售新股有关问题的通知》,规定了新股向基金配售的比例、配售程序及获配新股上市两个月后方可流通。在接下来的几年内,又陆续出台了一系列的政策:中国人民银行于1999年8月发布了《基金管理公司进入银行间同业市场管理规定》,允许基金管理公司进入全国银行间同业拆借市场;1999年10月26日,中国证监会和中国保监会宣布,保险资金可以通过购买证券投资基金间接进入证券市场;2001年,财政部、原劳动和社会保障部共同颁布了《全国社会保障基金投资管理暂行办法》,允许全国社保基金投资基金。

《暂行办法》的出台推动了基金行业的发展,然而《暂行办法》还没有将很多问题解决,其中一个最重要的分歧就是证券投资基金、产业基金、风险投资基金三类基金分属不同部门监管,在统一立法时需要协调各自的立场和诉求。到了1999年年初,《基金法》被列入立法计划,成立了工作小组,正式启动了起草工作。在《基金法》历时约四年的起草、修改、审议过程中,有三次会议至关重要,影响了整部法律的走向。

1999年11月,深圳会议,《基金法》起草小组举行首次国际研讨会。提请专家讨论的草案第一稿,共分10章148条,内容包括:总则,投资基金当事人,基金的设立,基金份额的申购、赎回与交易,基金运作,基金的变更,基金的监管,基金业协会与基金投资人协会,法律责任。就"三类基金如何统一立法"的分歧,起草领导小组组长最终提出了一个解决办法:总的原则还是要统一立法,但三类基金分头起草。

由于《基金法》草案存在某些交叉重复,顾此失彼的立法技术问题导致更多争议。在《基金法》起草再度面临停滞的局面下,2000年的宁波会议成了一道分水岭,在这次会议上,《基金法》起草工作出现了第一次重大框架调整:按照基金募集方式分别做规定。从2000年6月到2002年1月,基金立法的一个焦点是私募基金,事实上也就是如何规范产业基金和风投基金。2002年2月,在北京皇城宾馆举行了最后一次大规模起草工作会议,讨论已数易其稿的《基金法》草案稿,这被视作《基金法》起草组提交财经委审议前的最后一次定稿。然而,会上围绕"私募基金"一章存废的争议仍在不止,最后会议决定分两步走:第一步先出台《基金法》,因为证券投资基金方面的争论比较少,非证券方面下一步再起草通过。于是,对证券投资基金单独立法,避免了更大范围的争议。2002年8月,九届人大常委会第二十九次会议进行了第一次审议。

随着市场的发展与成熟,全球共同基金业的主流产品开放式基金也在国内市场开始发展起来。开放式基金是指基金发行份额不固定规模,投资者可在交易时间内随时申购和赎回份额的基金。2001年8月16日,华安基金收到中国证监会《关于同意华安创新证券投资基金设立的批复》(证监基金字〔2001〕33号),中国第一只开放式基金正式获批发行,托管行为交通银行。2001年6月,沪深两市双双创下历史高点,结束了长达两年的"牛市",开始下挫。华安创新正式进场那天,上证综指收于1807点,到年底,指数收盘为1645点。在华安创新成立至年末仅有的69个交易日中,上证综指下跌了8.91%,深证综指下跌9.57%。而华安创新三个多月的净值增长率为1.2%,与同期下跌的市场相比,表现相当优异。

开放式基金的发行,让群众有了更多的投资选择,同时基金的销售渠道也开始拓宽,银行首次独立大规模销售新基金。引入银行代销对于基金业的发展壮大有着积极意义,可以将储蓄转化为投资,2001年行业规模814亿元,2002年年末行业规模达到1 185亿元,到2005年,"牛市"爆发的前夜,行业规模已达到4 691亿元。银行除了备战开放式基金业务以外,也在积极拓宽销售领域。2001年5月,经中国人民银行和证监会批准,建设银行同时获得了开放式基金和封闭式基金的代销资格,成为全国首家可以开展此业务的银行。在将银行引入销售体系时,监管机构也没有忘记券商。2002年7月,证监会发布了《关于证券公司办理开放式基金代销业务有关问题的通知》,规定凡符合条件的证券公司均可接受基金管理人的委托,代销开放式基金。率先获得该业务资格的是国泰君安和华夏证券。

开放式基金试点的成功,拉开了基金业重整旗鼓的序幕。2001年5月25日,证监会发布了一份重磅文件,证监基金字〔2001〕10号文《关于申请设立基金管理公司若干问题的通知》。这份通知事实上放宽了申请设立基金公司发起人的范围,除了券商、信托之外,其他市场信誉较好、运作规范的机构也可以作为发起人,参与基金管理公司的设立。2002年6月,获准设立的首家基金管理公司——银河基金管理公司在上海开业,按市场化原则发起设立基金管理公司进入了一波繁荣发展高峰期。

通过放宽发起人范围,可以加快培育壮大机构投资者力量,那么对外开放可能就是基金业与生俱来的"基因"。2001年11月10日,在卡塔尔多哈举行的

WTO第四届部长级会议通过了中国加入WTO法律文件,标志着中国终于成为WTO第143个成员国。基金行业的对外开放、引入合资基金公司,既是行业发展到一定阶段的内生性要求,也是中国对外开放、加入WTO的承诺之一。根据协议,加入WTO后,外资机构设立合资公司,从事中国内地证券投资基金管理业务,外资比例不超过33%,三年后外资股权比例不超过49%。在此时代背景下,中国证监会组织起草了《外资参股基金管理公司设立规则》《外资参股证券公司设立规则》。

2002年10月16日,由国泰君安和德国安联集团发起的国联安基金管理公司正式获准筹建,这是国内第一家获准筹建的合资基金。其中国泰君安持有67%的股份,安联集团持有33%的股份。而在当年9月30日,光大证券与美国保德信共同发起设立光大保德信基金管理公司的申请也已正式提交;申银万国与法国巴黎资产管理公司等共同发起的申万巴黎基金管理公司则计划在10月提交相关申请。根据当时的工作流程,证监会受理申请后,在专家评审委员会评审结束后,符合条件的公司将获得证监会发出的同意筹建批复文件,进入正式筹建阶段,而后再申请开业,符合条件的,证监会将发出批复文件。首家正式成立开业的合资基金管理公司,则花落招商基金。2002年12月26日,招商基金取得中国证监会设立批文(证监基金字〔2002〕100号),成为中国第一家获批成立的中外合资基金管理公司。同年12月27日,公司正式取得工商营业执照,注册资本1亿元。招商证券股份有限公司出资4 000万元,占公司注册资本40%;荷兰投资公司出资3 000万元,占公司注册资本30%;中国电力财务有限公司、中国华能财务有限责任公司、中远财务有限责任公司各出资1 000万元,各占公司注册资本10%。自此,2002年年末至2003年年初,掀起了一波合资基金公司成立潮。2003年2月12日,华宝兴业基金获中国证监会批准成立,成为我国第二家成立的中外合资基金管理公司;4月3日,国联安基金公司成立;同月,海富通基金公司也获批成立。截至2004年,共有12家合资基金公司成立。

2003年10月24日,这是值得铭记的一天。十届全国人大常委会第五次会议表决通过了《基金法》,《暂行办法》实施5年多后退出历史舞台。作为规范证券市场的又一部重要法律,《基金法》的颁布实施以法律形式确立了基金业在证券市场中的地位和作用,明确了持有人的权利,在基金财产独立性、基金财产投资范围、信息披露、托管银行监督、基金管理公司股东条件等方面进一步规范了基金管理公司行为,使基金行业真正成为阳光下的信用产业,这有利于加强对投资者权益的保护,增强基金投资者信心,对基金业的进一步发展有重要意义。

基金开始引领市场。2003年,社保基金入市,同时QFII也落地。2002年先后由中国证监会和中国人民银行11月19日联合发布《合格境外机构投资者境内证券投资管理暂行办法》和国家外汇管理局11月28日发布《合格境外机构投资者(QFII)境内证券投资外汇管理暂行规定》,对投资额度管理、账户管理、汇兑管理和监督管理等做出规定。2003年1月14日,中国人民银行批准工商银行、中国银行、农业银行、交通银行、建设银行、招商银行,以及渣打银行、汇丰银行和花旗银行三家外资银行的上海分行从事QFII境内证券投资托管业务。在行业人士的眼中,海外机构其实更讲究专业分工,他们更多追求的是配置式的管理,而不是短期逐利,对相对收益、跟踪误差、换手率等指标有严格要求,考评机制也更加专业化。随着QFII的进入,部分QFII机构也开始尝试进行基金的投资,其投资范围涵盖了开放式基金和封闭式基金,而博时裕富基金在2003年8月接受花旗环球的千万订单,成为QFII开放式基金投资的第一单。

5年的"熊市"让市场笼罩上了一片悲观的情绪,2005年中国资本市场经历了一次历史性意义的重要改革,股权分置改革。股权分置改革不仅为治理中国证券市场存在的历史积弊开辟了道路,也为未来中国证券市场的发展提供了制度创新空间。股权分置改革不仅在宏观上有利于完善价格形成机制,稳定预期,为资本市场的深化改革和市场创新创造条件,而且在微观上有助于建立真正的上市公司治理结构、上市公司的制约机制及估值体系,形成真正的股权文化和股东意识,从而有效地保护中小股东的利益。

2006年5月中旬,8天发行184亿份的广发策略优选基金横空出世;6月上旬,4天发行118亿份的易方达价值精选基金再度创造了一个神话。半年之后,伴随大盘涨势如虹,基金新发新纪录迭出。股市、基金在年底双双步入"牛市"。2006年全年的基金发行数量远超过往,仅股票型基金和混合型基金就发行了70只,募集规模超过3100亿元。针对处于"高热"中的基金行业,证监会基金部在2006年12月上旬发文,要求各基金公司加强风险防范。

开放式基金大比例分红是2006年10月以来基金业的一大景观。随着股市行情的持续走高,基金发行市场越来越火爆,为满足市场对基金理财产品的需要,基金公司的营销策略也发生了很大的改变,称为"净值归一":将已实现收益一次性分配掉，把基金产品的单位净值降到1元面值，看起来给新老投资者一个相同的起跑线，又使大量的资金蜂拥而至。监管部门很快意识到"净值归一"的风险，2007年11月5日，全国各大报刊、网站纷纷登出新华社前一晚发布的出台《关于进一步做好基金行业风险管理工作有关问题的通知》的消息，在业界被称为"44号文"，它明确要求基金管理公司和代销机构不得诱导投资人认为低净值基金更便宜。随着"44号文"的出台，基金公司陆续宣布暂停申购，有一部分基金明显减仓，基金行为发生较大改变。同期股指从6005点跌到5330点仅用了6个交易日。2007年后半年，公募基金成为"牛市"下半场主力，市场处于一个循环中，公募基金的赚钱效应带来场外大量的增量资金，这些资金又迅速买入一、二线蓝筹，推动了指数的快速上涨。某种意义上，"44号文"打断了这一循环。

2008年出现了"黑天鹅"事件——全球经济危机。当A股还在延续着上升势头，市场的乐观情绪刚刚被撩动，A股的"牛市"行情就戛然而止。2008年1月18日，美国总统布什宣布实施1450亿美元减税计划，以应对经济恶化的状况，纽约股市大跌。A股更是直接进入疾风骤雨式的下跌态势。截至2008年2月1日，仅仅14个交易日，上证综指暴跌超过24%。同年9月30日，道琼斯指数下跌6.98%，创下有史以来的最大跌幅，进而引发严重的全球金融危机。中国A股市场上证综指一路溃败至1800点附近，最大年度跌幅超过70%，位列全球之首。2008年11月5日，政府实施4万亿经济刺激计划。A股终于从单边下跌的走势中开始慢慢缓过劲来。2009年，A股强劲反弹。上证综指从1820.81点最高涨至3478.01点。受益于股市反弹和新基金发行等因素，2009年年底，基金业各类基金净值规模达到2.682万亿元，比2008年增加7438亿元，增长38%。

在"牛市"结束之后，市场压力促使基金公司加大了产品创新力度。2009年6月2日，证监会向各大基金公司、托管银行下发了《交易开放式指数证券投资基金(ETF)联接基金审核指引》，为ETF联接基金这一创新产品下达了准生证。当时的A股市场只有5只ETF。2008年底，指数型基金规模993.01亿元，2009年底增至3408.20亿元，规模增加来自份额和业绩的双双大幅增长，大"熊市"之后的第一年，指数由低点大幅反弹造就了指数基金当年遥遥领先的业绩，2009年是指数基金的扩容之年。

2009年7月20日,中国证监会基金信息披露网站正式上线,这是自2008年初中国证监会启动基金信息披露XBRL工作以来,首次以网站平台方式对外展示XBRL应用成果。基金信息披露网站作为集中登载基金信息披露XBRL文档的专用网站,为广大投资者提供最新的基金净值日报、基金季度报告等公开披露基金信息。借助于XBRL的技术优势,投资者可以更加高效便捷地获取有用的、高质量的基金信息。

4万亿元经济刺激计划之后,消费市场开始复苏,中国人的消费能力在不断提升,然而资本市场在经历了大涨大跌之后显得格外平静,中国的基金行业把重心转向产品创新。受全球经济危机的影响,QDII基金多数出现亏损。到了2010年,国泰纳斯达克100指数基金上市,这是国内第一只投资于美国市场的被动指数QDII产品,标志着第二批QDII产品开始扬帆起航。同时,各类主题型基金在2010年开始时兴,"大消费""新兴产业""医药""通胀"等各个细分行业基金产品与当时的市场热点契合,方便营销的同时,使基金经理的投资标的更聚焦,也将投资者的需求进一步细化。

2011年6月证监会正式颁布新的《证券投资基金销售管理办法》,并于2011年10月1日起施行。《销售管理办法》增加了基金销售"增值服务费"内容,鼓励销售机构按照质价相符的原则,提高对基金投资人的服务质量。此外,证监会于《销售管理办法》实施的同时,正式接受第三方基金销售牌照的申报。

临近2011年末,沪深交易所发布了《融资融券交易实施细则》。此前颇受关注的融资融券业务由试点转为常规。同时,沪深交易所还分别调整融资融券标的证券的范围,将交易所ETF基金纳入其中。

行业需要快速且规范的发展,这不仅要依靠行政监管,也需要行业自律组织提供服务。2012年,中国基金业自律组织的出现为行业继续规范发展打下根基。2001年,根据当时行业发展的需要,经10家基金管理公司提议,中国证券业协会牵头组建成立了"中国证券投资基金业公会"。但考虑到大部分基金公司均由券商作为主要股东发起设立,将券商和基金公司纳入统一监管平台,利益关联性不可避免。在听取各方意见的基础上,筹备组成员提出了基金业协会的筹备方案,在2012年6月7日基金业协会成立。第一届中国基金业协会的会员包括基金公司、基金托管机构、基金销售机构、基金销售支付结算机构以及基金评价机构等五类。

2013年6月1日,修订后的新《基金法》正式施行。新《基金法》的实施,不仅为基金公司创新发展提供了巨大空间,也将促使行业监管方式发生很大转变。对投资人而言,新《基金法》把投资人利益放在了更突出位置。对公募基金来讲,这更是一个发展机遇。修订后的《基金法》取消了5%以下股权变更核准,这为完善公司治理结构,激励高管和优秀基金经理长期为股东、为公司、为投资人服务创造了良好的外部条件;放宽投资范围和基金形式,则最大限度地丰富了基金的产品创新;加大对第三方销售的支持力度,促进中介机构发展,这有效地解决了一直困扰基金公司的发行问题。

2013年6月13日,余额宝正式上线,对接天弘增利宝货币基金。开通以后,用户将钱存在余额宝,会产生与银行利息类似的收益。数以亿计的淘宝用户发现支付宝页面上线了一种可以让用户存款获得利息的功能。天弘增利宝成为国内基金史上首只规模突破千亿的基金。

2013年,推出不到三年的创业板指数从年初的700点一路飙涨,最高冲至1424点,翻了一番。相反,沪深两市综合指数却延续前几年的"熊市"行情,仍然是负增长。而在2014到2015年这段时间,也是一批优秀公募基金从业者离职创办私募的高峰期。到了2014年下半年,全民"牛市"行情突如其来。各类主题的基金成为本次"牛市"行情的主角,金融主题基金、地产主题基金和沪深300指数基金收益率最高,平均收益率分别达到87.5%、72.3%、48.7%。

2015年上半年,"牛市"热情持续高涨,受到政策利好不断、货币政策超级宽松、流动性泛滥等影响,A股市场自年初开始便火热异常。"国企改革预期""互联网+""工业4.0"及"高端装备制造"等成为"牛市"启动的几大风口。沪指从2014年12月31日收盘点位3234.68点起步,一路扶摇直上、攻城拔寨,突破4000点、5000点,并于2015年6月12日站上5178.19点高位。时隔7年后重新站上5000点整数关口,市场一片欢腾。基金发行市场也呈现出"繁荣"景象。2015年1月到5月,320只新公募基金募集总规模达到了8 229.81亿元,平均每只基金募集24.63亿元,同时存续的老基金的规模也大幅增长,新老基金继续在市场中买入重仓股,继而推动A股市场股价不断创出新高。然而,到了同年6月,A股遭遇了黑暗一周。在创业板指数和上证综指相继见顶之后,6月15日开始连续大幅杀跌,从6月15日到6月19日,上证综指累计跌幅达13.32%,创下自2008年6月以来的最大单周跌幅。大幅的下跌使得机构为控制风险开始调控仓位,随后重仓的股票开始大幅下跌,游资、配资平台开始平仓,加剧了下跌的幅度,最后散户投资者开始抛售股票。然而在这次危机中,基金行业成立17年的完备制度让公募基金没有爆发危机,刚成立两年的中国基金业协会也开始发挥作用,不断传播正能量,股市异常波动期间,基金业协会不断凝聚行业力量,阻止市场断崖式下跌。基金业协会以"公募基金看大市"为主题,连续发布13家公募基金对市场的观点,引导市场预期。

2016年3月,国务院发布《全国社会保障基金条例》,中国人民银行等五部委发布了《关于金融支持养老服务业加快发展的指导意见》。2016年6月,人力资源和社会保障部分别就《企业年金规定》《职业年金基金管理暂行办法》向社会公开征求意见。随着一系列顶层制度的发布,进入2016年,有关个人养老金体系的建立以及基金行业在其中的作用开始明确。从2017年下半年开始,基金在养老金第三支柱中扮演的角色越发重要。

2016年10月21日,基金业协会发布《关于基金中基金(FOF)的基金经理注册登记有关事项的通知》,对公募FOF基金经理的任职要求做出了详细说明。同年11月29日,监管部门开始正式接受公募FOF产品申请。12月6日,首批22只FOF产品申报并获受理。FOF获批和成立之后,养老金政策的密集落地,预示着中国版IRA(Individual Retirement Accounts,个人养老金账户体系)建成。2018年3月2日,中国证监会正式发布《养老目标证券投资基金指引(试行)》,其中明确了养老目标基金应当采用FOF的形式,投资策略上应当采用目标日期策略或目标风险策略,并根据封闭期的长短,设置相应的权益资产投资比例。

2017年也是监管大年。基金行业乃至整个资本市场的监管持续升级,针对保本、分级、委外等多类基金潜在风险,监管部门先后出台了多项新规,在公募基金领域开展了一场先破后立、正本清源的重建新秩序行动。

2018年4月出台的资管新规,将影响中国基金业未来的发展方向。资管新规的核心要义,就是坚持回归本源,真正做资产管理业务,而不是准存款类或者带有间接融资特征的产品。把它真正变成一个受人之托、为人理财的产品,显示出信托的特性。按照规定,卖者尽责、买者自负。卖者表现出他的信托责任,买者需要对这种投资本身的波动担负全部的责任。

1.3 基金行业现状

中国基金行业经过30年的发展,已经初具规模。根据中国证券投资基金业协会官网的统计(见图1-1),在2015年市场上共有公募基金2 722只,到2021年底,市场上的公募基金已经高达9 288只,增加基金数量6 566只,增长率高达241%。截止到2021年底,公募基金数量共9 288只,其中封闭式基金为1 185只,开放式基金为8 103只。公募基金的规模也有了迅猛的发展。在2015年,公募基金的市场规模为83 971亿元,到了2021年底,公募基金的市场规模达到了255 625亿元,规模增加了204.4%。

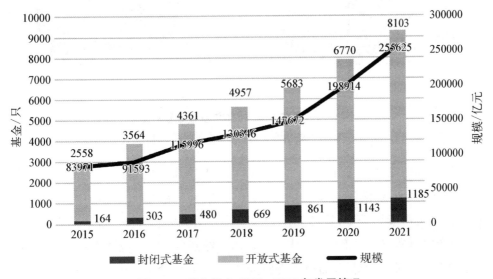

图1-1 基金行业2015—2021年发展情况

数据来源:中国证券投资基金业协会官网

按照基金投资标的物的不同进行分类,可以分为封闭式基金,开放式基金。其中开放式基金又可以分为股票基金,混合基金,货币市场基金,债券基金,QDII基金和其他。根据中国证券投资基金业协会官网,截止到2021年底,中国基金市场上共有基金9 288只,其中封闭式基金1 185只,占比12.76%。开放式基金中,混合型基金的数量占比最多,为3 972只,占比42.76%;第二为债券型基金,数量为 1 827 只,占比 19.67%;股票型基金的数量为 1 772 只,占比 19.08%;货币市场基金的数量为 333 只,占比 3.6%;QDII 基金的数量为 199 只,占比为 2.1%。

通过两个年份各类基金数量的对比(见图 1-2),可以发现 2021 年相比于 2015 年,债券基金和封闭式基金数量占比变多,股票基金数量占比变少。

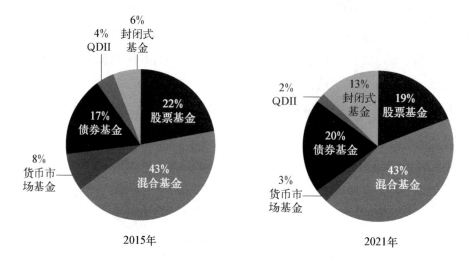

图 1-2　2015 年与 2021 年基金数量对比

数据来源:中国证券投资基金业协会官网

根据资产规模看,截止到 2021 年底,中国基金市场规模为 255 625 亿元,其中封闭式基金的规模为 31 249 亿元,占比 12.22%。在开放式基金中,资产规模最大的是货币市场基金,资产规模为 94 677 亿元,占比 37.04%;第二为混合基金,资产规模为 60 511 亿元,占比 23.67%;债券基金的资产规模为 40 985 亿元,占比 16.03%;股票型基金的资产规模为 25 816 亿元,占比 10.1%;QDII 基金的资产规模为 2 384 亿元,占比 0.93%。

通过两个年份各类基金规模的对比(见图 1-3),可以发现 2021 年相比于 2015 年的时候,货币市场基金规模占比减少,其他类型的基金规模占比增加,债券基金和封闭式基金的规模占比提升较大。

从 2021 年四季度最新公布的公募基金持仓情况来看,2021 年四季度新成立基金中混合型基金、股票型基金以及债券型基金数量分别为 134 只、67 只和 48 只,位列新成立基金前三强,数量占比分别为 53.4%、26.7% 和 19.1%。从资金量来看,货币型基金的资金占比最大,达 34.7%,其次为债券型基金和混合型基金,分别为 28.7% 和 26.6%。

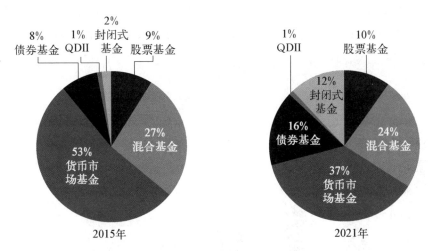

图 1-3　2015 年和 2021 年基金规模对比

数据来源:中国证券投资基金业协会官网

图 1-4 中,2021 年四季度,混合型基金的季度收益率中位数为 1.81%,债券型基金的季度收益率中位数为 1.1%,股票型基金的季度收益率中位数为 1.74%,QDII 基金的季度收益率中位数为 -2.93%。债券型基金的收益率中位数最高,QDII 基金的季度收益率中位数最低。

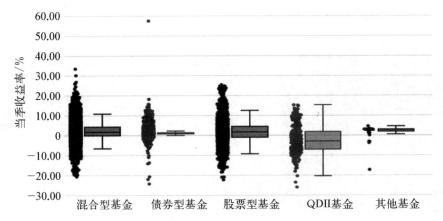

图 1-4　2021 年四季度存续各类型基金收益分布

数据来源:中国公募基金核心资产配置分析报告

15

图 1-5 中,2021 年四季度各类型基金总体资金净流入 12 779.75 亿元。各类型基金都呈现正资金流向,其中债券型基金资金变动量最大,为 7 117.34 亿元。其次,混合型基金、股票型基金和 QDII 基金的净资金流入量分别为 3 667.52 亿元、1 452.07 亿元、440.47 亿元。货币型基金在当季净资金流入量最少,为 70.54 亿元。

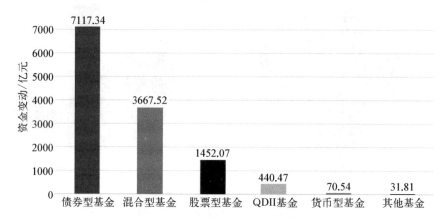

图 1-5 2021 年四季度各类型基金资金流向情况

数据来源:中国公募基金核心资产配置分析报告

从图 1-6 上看,2021 年中国公募基金资产配置中固定收益投资和权益投资占有较大市场份额,分别达到约 10.90 万亿元和 6.94 万亿元,占比达 43% 和 28%;现金和买入返售金融资产位列第三和第四,分别达到约 4.44 万亿元和 2.04 万亿元,占比达 18% 和 8%。

图 1-6 2021 年四季度基金资产配置结构

数据来源:中国公募基金核心资产配置分析报告

从图1-7上看,不同类型基金的持有资产选择上有明显区分。货币型基金总规模为9.36万亿元,其持有资产分散在现金、固定收益投资和买入反售金融资产类型,占比分别为39.33%、39.79%和19.67%;债券型基金总规模为6.60万亿元,主要配置固定权益资产,比例高达91.80%;混合型基金与股票型基金资产总规模分别为6.29万亿元和2.53万亿元,都以权益资产作为主要配置标的,分别配置了70.16%和84.33%。不同类别的基金可以满足不同风险偏好的投资者需求,权益资产具有较高的收益预期,是大多数基金获取收益的主要资产来源。

从图1-8上看,中国公募基金的持仓股票总市值在四季度达到了历史峰值,约为6.92万亿元。其中,在2021年四季度,混合型基金、股票型基金、QDII

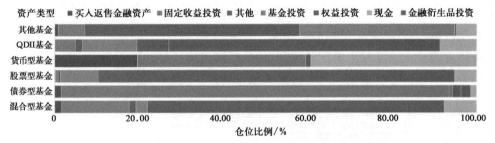

图1-7 2021年四季度各类基金持有资产占比情况

数据来源:中国公募基金核心资产配置分析报告

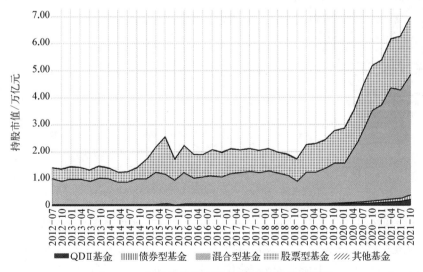

图1-8 中国公募基金持仓股票总市值与结构

数据来源:中国公募基金核心资产配置分析报告

基金持股市值位列前三,分别为4.42万亿元、2.14万亿元、0.21万亿元。总体来看,混合型基金和股票型基金的持仓市值始终高于债券型基金、QDII基金以及其他基金的持仓市值;债券型基金、QDII基金以及其他基金的持仓市值变化幅度不大,我国公募基金持仓市值增幅主要来自股票型基金持仓市值和混合型基金持仓市值的增加。具体来看,股票型基金和混合型基金持仓市值在2019年之前增幅不明显,在2019年期间持仓市值均呈现较大幅度增加,2020年后这两种类型的基金持仓市值骤然增加,并维持较猛的上涨趋势,跨入2021年第四季度后,仍保持稳速增长。

将股票按照持仓市值排名,2021年中国公募基金四季度持仓的前二十大持仓股如图1-9所示,其中食品饮料行业的四支股票是白酒股票,白酒股份持有比例明显扩大,贵州茅台仍然是基金一致认为的中国优质资产。四季度电气设备行业的持仓持续显著增加,宁德时代稳居第二位。另外随着新冠疫情的反复,中国中免持仓下滑至第16位,医药生物板块仓位也有所调减。

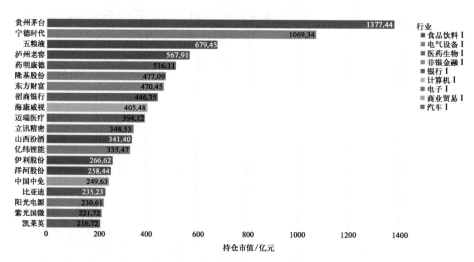

图1-9　2021年四季度基金以持仓市值排名TOP20股票

数据来源:中国公募基金核心资产配置分析报告

将股票按照行业来看,中国公募基金四季度持有的股票中,属于食品饮料类的最多,其次是电气设备以及医药生物类的公司,持仓市值分别为4 114.91亿元、3 948.39亿元和3 029.38亿元,占比分别为16.20%、15.55%和11.93%。而且从中笔者可以看出,食品饮料类公司的集中度更高一点,前三名的公司占据了将近一半的资金总量。

从图1-10上看,选择2021年四季度中基金持股数量最多的前十五个行业进行分析,笔者发现这些行业的持股集中度都达到了55%以上。集中度最高的是非银金融行业,达到了93.10%;其次是食品饮料行业,集中度达到92.65%。

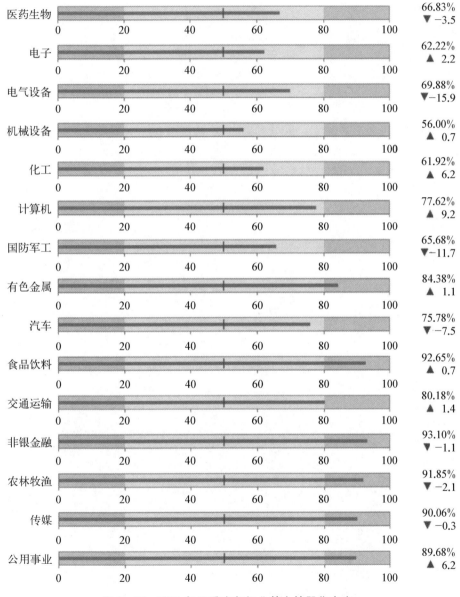

图1-10 2021年四季度各行业基金持股集中度

数据来源:中国公募基金核心资产配置分析报告

说明资金不仅集中在某几个行业,更集中在行业的头部企业,这就驱使投资者进行投资时,不仅要选择行业,更要选择行业中的企业,对行业和企业进行更为细致的了解和选择,才能带来持续的收益。

第 2 章
我国公募基金的羊群行为分析

2.1 基金羊群行为的含义

金融市场中的羊群行为定义为金融市场参与者在同一时间段内对同质资产具有相同的风险偏好以及相同的买卖方向,从而导致股票市场产品价格同涨同跌的现象。对机构投资者羊群行为的研究始于 1972 年,Kraus 和 Stoll(1972)提出了机构投资者平行交易(Parallel trading)的概念,将大量机构投资者在同一时间内以同方向交易同一只股票的行为定义为平行交易,即机构投资者的羊群行为。随后,出现了大量有关机构羊群行为的研究。在 Shiller(1987)、Scharfstein 和 Stein(1990)、Banerjee(1992)和 Bikhchandani 等(1992)撰写的开创性文章中,羊群行为被描述为由个体因素导致的模仿行为,将羊群模型引入金融文献,并强调了其对金融市场整体运作和个人信息处理的可能后果。

在羊群行为的定义上,大多数学者提出了两个关键点:一是放弃私人信息,二是模仿多数人。Banerjee(1992)认为羊群行为是拥有信息的投资者在观察其他投资者的决策后模仿他人而忽视自己私有信息的行为。Shiller(1995)将羊群行为定义为一种群体中相互影响的人们思考和行动方式相似的现象。此外,对于羊群行为,Nofsinger 和 Sias(1999)也认为这可能是由于一群市场参与者同时向同一方向进行交易所产生的;Sias(2004)认为羊群行为是由于一组投资者相互跟随买入(卖出)同样的股票而产生的。Devenow 和 Welch(1996)将羊群行为定义为能够导致所有投资者系统错误一致的行为;Avery 和 Zemsky(1998)认为羊群行为是投资者做出的与其私人信息相悖的选择跟从;Lakonishok 等(1992)以及 Wermers(1999)认为羊群行为是同一时间内大量投资者同方向买进或者卖出某一股票的行为；Bikhchandani和Sharma(2001)认为羊群行为是投资者发现其他投资者的决策与自己掌握的私人信息相悖时，决定跟从其他投资者的行为；Choi和Skiba(2015)将羊群行为定义为一种行为趋同，这意味着投资者从一个证券到另一个证券，从一个市场到另一个市场，都会跟随他人的行为。

同时，Bikhchandani和Sharma(2001)认为如果投资者忽略其所掌握的私有信息而跟从他人投资行为，此种羊群行为属于"真羊群行为"（非理性羊群行为）。如果大量投资者在同时买进或者卖出同一只股票的过程中不是基于忽略个人私有信息，而是基于共同信息如上市公司盈利公告，或者是由于对某一类性质公司如股利政策、成长性等的共同偏好，一般被认为是一种"伪羊群行为"（理性羊群行为）。对于机构投资者而言，理性羊群行为是指机构投资者在个股选择时所考虑的因素相同并且获得的信息相似，因此往往会做出类似的投资选择(Hirshleifer et al., 1994)。此外，由于基金经理具有相似的教育背景和从业资质，他们会对市场发出的信号做出同样的解读，并依此做出趋同的投资决策。相对地，非理性羊群行为更多地考虑心理因素。Scharfstein等(1990)认为投资者违背贝叶斯理性人的后验分布法则，忽略私有信息而选择模仿其他投资者行为，导致股票市场大量同方向买入或卖出。非理性羊群行为使得股票价格不能真实反映基本面信息，加剧市场波动，更甚者有可能引发资产泡沫或金融危机。两种羊群行为的程度都与信息的不确定性和可获取的难易程度相关。证券投资基金因其专业的投资团队而被认为是价值投资的代表，其获取信息相对普通投资者理应更迅速和准确，但由于市场竞争和基金经理绩效考核评价系统的不完善，证券投资基金也可能会出现非理性羊群行为。

公募基金的羊群行为是指在证券投资过程中，基金根据其他基金的投资决策而改变自己最初投资决策的一种群体行为。它表现在各基金的交易行为上有很大程度的一致性和趋同性。公募基金的羊群行为源自基金经理对于股票内在属性的共同信念，或者为了自己的声誉而模仿别人。羊群行为是金融市场上令人困惑的现象，一段时间内，公募基金不约而同地买卖相似的股票或进行相同方向的买卖，投资行为失去了理性的约束力。国内文献对羊群行为或者基金羊群行为的定义虽然没有完全一致的看法，但是核心内涵大同小异。宋军和吴冲锋(2001)指出金融市场中投资者的行为在信息不确定的情况下会受到其他人的影响，这种影响表现为模仿其他投资者的决策或者依赖市场舆论，这种特殊的非理性行为被称为羊群行为。施东晖(2001)认为当机构投资者存在羊群行为时他们会在同时间买卖相同的股票。孙培源和施东晖(2002)提到在羊群行为中，投资者在一段时间以内不约而同地进行相似股票或者相同方向的买卖，此种情况下投资者在理智、常识等方面往往都失去了约束力。饶育蕾等(2004)指出投资人或基金管理人倾向于采用同样的投资策略、构建类似的投资组合，以减少投资成本、规避风险，这就是通常所说的羊群行为。刘成彦等(2007)指出羊群行为的结果是投资决策的趋同化，当机构投资者存在羊群行为时他们将在同一时间买卖相同股票，这造成的买卖压力将超过市场所能提供的流动性。魏立波(2010)指出羊群行为的本质是指投资者受其他投资者采取某种策略的影响而采取相同的投资策略，但如果其他投资者不采取这样的策略，该投资者则也不会采取这种策略的行为。许年行等(2013)将投资者忽略其所掌握的私有信息而跟从他人投资行为作为羊群行为的一个重要特征，认为此种羊群行为属于"真羊群行为"。刘祥东等(2014)认为羊群行为具体表现为，在某个时期大量的投资者采取相同或相似的投资策略，或者对于某种特定资产具有相同或相似的偏好。池国华和张向丽(2018)将基金羊群行为定义为基金经理基于模仿他人决策的决定而导致的在同一时间内大量基金同向交易某一股票的现象，剔除同质性行为，其经济学本质为跨期模仿。

过往学者认为公募基金的羊群行为主要可以有三种形成原因：

第一，Scharfstein 和 Stein(1990)提出的基于名誉的羊群行为(Reputation-based herding)，在金融市场上，关于特定的基金经理能力的信息是无法确定的。由于基金经理和他们的投资者对自己发现有利可图的投资的能力都不肯定，因此，当基金经理面对相同的环境时，羊群行为就会发生。所谓基于声誉的羊群行为是指对于一个基金经理来说，如果他怀疑自己正确选择股票的能力，那么和其他基金经理保持一致将是一种比较好的选择，因为这样至少可以保持平均业绩而不至于损害自己的声誉。

第二，Bikhhandani 等(1992)提出的基于信息不对称的羊群行为(Information-based herding)，认为能够获得不太准确的信息的投资人倾向于跟随那些能够获得比自己更准确的信息的投资人的领导。这些人忽略了他们自己的信息，往往会形成群体，最先获得信息的投资者首先做出投资决策，成为别的投资者的模仿对象。

第三，Maug 和 Naik（1996）提出了基于报酬的羊群行为（Compensation-based herding），由于基金经理的报酬与投资表现挂钩，因此为了避免出现糟糕的投资业绩影响自己的薪酬，在这种情况下，选择和其他基金经理一样的投资标的，从而达到市场平均的投资业绩水平，所以羊群行为就形成了。

2.2 公募基金的羊群行为的实证分析

在关于基金羊群行为的国际研究中，Lakonishok 等（1992）首次提出了一种测度投资者在交易过程中产生的"羊群行为"的方法——LSV 模型，通过这种方法，他们对股市进行了整体的测度，并没有发现其中存在显著的羊群行为，但是经具体分类测度发现，小盘股内的羊群行为要显著于大盘股。Grinblatt 等（1995）对美国的所有共同基金的羊群行为以及动量交易策略表现进行了研究。样本数据范围为 1974—1984 年，经过检测，并没有发现其中存在整体显著的羊群行为，但是却发现这些基金在买入过往业绩出色的个股方面出现的羊群行为明显强于卖出业绩表现不佳的。Wermers（1999）通过分析 1975—1994 年美国共同基金的证券交易行为发现在这近 20 年间，基金整体的羊群行为程度比较低，而且买卖双方的羊群行为相差不多。Kremer 和 Nautz（2011）分别使用日度、月度和季度数据对德国股票市场进行分析，结果表明德国股票市场存在一定的羊群行为。Wylie（2005）收集了 268 只股票公募基金的数据，发现英国基金也存在一定的羊群行为。

在国内研究中，施东晖（2001）利用 LSV 模型对基金进行了研究，发现基金对于单个股票的交易存在显著的羊群行为。陈浩（2004）使用 LSV 模型研究发现基金存在显著的羊群行为，吴福龙和曾勇等（2004）采用同样的方法发现我国基金的羊群行为程度高于美国基金的羊群行为程度。赵彦志和王庆石（2005）利用 LSV 模型研究发现基金在整体上的羊群行为非常显著，不仅表现于买入羊群行为，也表现于卖出羊群行为，我国基金的羊群行为特征比美国市场更加明显。祁斌等（2006）利用 LSV 模型和 Wermers（1999）的方法对我国基金的交易行为进行了实证研究，结果发现使用正负反馈交易策略的基金具有较明显的羊群行为。汤长安和彭耿（2014）的研究表明，相对于国外发达的资本市场，我国基金表现出了较高的羊群行为水平。陶瑜等(2015)发现相比发达国家,我国证券投资基金在策略交易时存在明显的羊群行为。朱菲菲等(2019)和李惠璇等(2019)使用日内高频交易数据对A股市场中的羊群行为进行研究,发现羊群行为具有短期脆弱性特征,随着度量频率的提高,羊群行为的程度严格递增。

2.3 我国公募基金的羊群行为的测度

对于公募基金的羊群行为的测度,主要是如下三种方法:

笔者采用Lakonishok等人提出的羊群行为指数(1992),并将其称为未来的LSV羊群行为指数。由于在中国,公募基金每半年报告一次持有量,笔者也以半年为基础计算公募基金的羊群行为。让$HM_{i,T}$代表半年T内公募基金对股票i的羊群行为,LSV羊群行为表示为:

$$HM_{i,T}=|p_{i,T}-E[P_{i,T}]|-E|p_{i,T}-E[P_{i,T}]| \tag{2.1}$$

式中,$P_{i,t}$是半年T中所有公募基金交易股票i的买家比例。换言之,$P_{i,T}$是半年T中购买股票i的公募基金数量与交易股票i(买入和卖出)的公募基金总数的比率。基本上,等式(1)是给定半年内购买股票的基金数量占该股票交易基金总数的比例的简单"计数",同样是半年,减去预期买家比例。作为预期买家比例的代理,笔者计算半年T内所有股票的买家平均比率。最后,减去一个调整因子,以允许基金在独立交易决策的无效假设下,围绕预期买家比例的随机变化。

笔者还使用修正后的买卖羊群行为来区分股票,根据其买家比例是否高于(或低于)同半年所有股票的买家平均比率。无条件LSV羊群行为$HM_{i,T}$与这些条件羊群行为(称之为"买入羊群行为"$BHM_{i,T}$和"卖出羊群行为"$SHM_{i,T}$)之间的关系如下:

$$BHM_{i,T}=HM_{i,T}\mid p_{i,T}>E[p_{i,T}] \tag{2.2}$$

$$SHM_{i,T}=HM_{i,T}\mid p_{i,T}<E[p_{i,T}] \tag{2.3}$$

此外,除了使用LSV羊群行为度量外,笔者还使用了Brown等(2014)提出的 BWW 羊群行为指标（$ADJHM$），其定义如下：

$$ADJHM_{i,T} = BHM_{i,T} - \min(BHM_T) \mid (p_{i,T} - p_T) > 0 \quad (2.4)$$

或

$$ADJHM_{i,T} = -[SHM_{i,T} - \min(SHM_T)] \mid (p_{i,T} - p_T) < 0 \quad (2.5)$$

此外，笔者还使用 Frey 等（2014）提出的 FHW 指标对羊群行为进行刻画：

$$H_2^{qs} = \frac{(b^{qs} - \hat{\pi}^q n^{qs})^2 - n^{qs}\hat{\pi}^q(1-\hat{\pi}^q)}{n^{qs}(n^{qs}-1)} \quad (2.6)$$

其中，b^{qs} 是在半年中股票 s 的买入交易数量，$\hat{\pi}^q$ 是半年中的交易的概率，等同于半年中每只股票买入交易的数量和总交易数量的比率。n^{qs} 是在半年 q 中，对于股票 s 的交易数量。

表 2-1 的组 A 显示了美国公募基金的收益率、波动率和股票联动性，基金的羊群行为度量包括 LSV 基金羊群行为、BWW 基金羊群行为和 FHW 基金羊群行为，其他的控制变量包括股票的基金经理数量、股票市值、财务杠杆和账面市值比。此外，分析师指标包括一年每股盈余预测标准差和股票分析师数量。

就 LSV 羊群行为而言，所有股票的平均羊群行为（HM）、平均买入羊群行为（BHM）和平均卖出羊群行为（SHM）分别为 0.085、0.088 和 0.085，且在 1% 显著性水平上都具有高度显著性。此外，平均 BWW 羊群行为（ADJHM）为 −0.019，具有很高的显著性。FHW 羊群行为指标为 0.043，这些统计数据与之前的文献相一致，证实了中国股市在很大程度上存在公募基金的羊群行为（见 Chang et al.，2015）。

表 2-1 的组 B 显示了 2005—2019 年样本期内公募基金数量、公募基金交易公司数量以及公募基金购买股票占交易该股票的基金总数的比例（%）的平均统计数据。同一个小组还报告了 2005 至 2019 年这三个变量每奇数年的年终数字。组 B 显示，中国的公募基金数量从 2005 年的 172 只大幅增加到 2019 年的 3 375 只。随着这一增长，笔者还发现，在同一时期，公募基金交易的公司数量几乎增加了两倍。有趣的是，表 2-1 的组 B 还显示，购买一只股票的基金占交易该股票的基金总数的比例每年都有显著的变化，这对于分析公募基金的羊群行为对股票的表现情况有很重要的作用。

表 2-1 我国公募基金的羊群行为的描述性统计

组 A: 变量的描述性统计

	RET	IVOL	RSQ	HM	BHM	SHM	ADJHM	$H2^{qs}$	n_qs	COVERAGE	DIST	TURNOVER	SIZE	DEBT	BM
Mean	0.001***	0.023	−0.800***	0.085***	0.088***	0.085***	−0.019***	0.043***	48.194	10.522***	0.093	32.767***	15.415***	0.504***	0.627***
Std. Err.	0.000	0.0001	0.004	0.001	0.001	0.001	0.001	0.000	0.368	0.061	0.001	0.101	0.004	0.017	0.001
Std. Dev.	0.026	0.019	1.062	0.138	0.142	0.135	0.301	0.097	87.656	12.403	0.168	25.758	1.036	4.180	0.247
25%	−0.001	0.016	−1.328	−0.011	−0.015	−0.011	−0.266	−0.003	6	2.000	0.028	14.525	14.738	0.276	0.441
50%	0.000	0.021	−0.694	0.064	0.066	0.069	−0.049	0.012	20	6.000	0.055	25.508	15.330	0.448	0.635
75%	0.003	0.027	−0.120	0.173	0.179	0.173	0.235	0.068	58	14.000	0.106	43.772	16.003	0.611	0.819
Min	−0.159	0.004	−18.242	−0.246	−0.246	−0.246	−0.748	−0.250	0	0.000	0.000	0.004	11.467	−0.195	0.000
Max	4.725	2.079	2.774	0.606	0.606	0.551	0.779	0.520	2 019	160.000	8.338	329.894	21.864	877.256	6.546
Obs	65 443	65 381	65 381	55 704	25 758	28 779	54 537	51 691	56 611	40 737	33 596	65 427	65 443	61 767	60 674

组 B: 公募基金交易行为的特征

	Mean	2 005	2 007	2 009	2 011	2 013	2 015	2 017	2 019
基金的个数	1187	172	292	476	743	951	1836	3 028	3 375
基金交易的企业个数	2 029	1 214	947	1 306	2 060	2 138	2 774	3 354	3 418
买入股票的基金持有比例/%	42.04	51.28	53.10	49.16	57.24	25.78	30.68	27.24	52.08

第 3 章
公募基金的羊群行为对股票表现的影响

3.1 我国公募基金的羊群行为对股票收益率的影响

以往文献在基金羊群行为对股票收益是否存在影响以及影响方向的结论上存在分歧。部分文献认为基金羊群行为对股价会产生积极影响,如施东晖(2001)的研究指出,在投资基金存在较为严重的羊群行为时,率先买入某些股票的基金在资产净值大幅提升后,将会增加其他基金追逐净值提升的动机,从而使越多的基金加入买进的行列,推动股价大幅上升,提高股票收益率。伍旭川和何鹏(2005)对我国开放式基金的投资行为进行研究,发现被基金超额买入(卖出)的股票在下一季度会出现股价上涨(下跌),开放式基金在股票上的羊群行为与股价变化的方向一致,说明开放式基金在一定程度上具备了影响股价的能力。杜莉和王峰(2005)通过实证研究发现,证券投资基金交易过程中的羊群行为对股价的影响是长期的,一定程度的羊群行为可以反映新的市场信息的吸收和消化,促使股价回归基本面。相对于卖出羊群而言,买入羊群能给股票带来较高的超常收益。禹湘等(2007)的研究指出证券投资基金的惯性投资策略会正向影响其重仓股的惯性收益。林树和俞乔(2009)的研究表明,机构投资者的羊群行为与股票的滞后收益正相关,并与股票收益的动量行为有关。龙海明和颜琨(2015)通过 2009 至 2013 年我国 A 股市场上机构投资者相关持股数据分析发现机构投资者羊群行为与股价同步性呈显著的负相关关系,机构投资者的羊群行为是"伪羊群行为",有助于探索上市公司的基本信息和私人信息,促使公司的有效信息更快更好地反映在股票价格中,从而抑制股价的大幅波动。李科等(2015)发现基金家族共同持股会减少意见分歧,从而提高了股票收益率。

但是也有部分文献认为基金羊群行为对股价会产生消极影响。如饶育蕾等(2004)发现我国的基金行业投资组合表现出明显的羊群行为,我国的基金投资组合中羊群行为指数与市场大盘指数呈负相关关系,市场上涨时,羊群行为变弱,市场下跌时,羊群行为增强。陈维维(2009)认为开放式基金的流动性与其持有股票的未来收益呈现出负向关系。吴金娇(2021)研究发现以公募基金为代表的机构投资者羊群行为对股票收益率产生负面影响,同时区分买入羊群行为和卖出羊群行为后,该负面影响作用依旧显著。

少数文献认为,基金羊群行为对股票收益的影响不能一概而论,如张羽和李黎(2005)对1999至2003年期间封闭式投资基金交易行为分别考察基金买入羊群行为和卖出羊群行为对股价的影响,结果发现基金的卖出羊群行为有利于股价趋向均衡价值,而基金的买入羊群行为会破坏股市的长期稳定。而申尊焕和龙建成(2012)虽然也进行了分类研究,但是发现的规律有所不同,他们的研究发现我国机构投资者的卖出羊群行为加大了投资风险、降低了投资回报率,而机构投资者的买入羊群行为减少了投资风险、提高了投资回报率。

3.1.1 公募基金的羊群行为与股票收益率的面板回归分析

本小节建立的回归模型如下所示:

$$\begin{aligned} RETURNS_{i,T+1} = &\beta_0 + \beta_1 HERD_{i,T} + \beta_2 COVERAGE_{i,T} + \beta_3 RETURNS_{i,T} \\ &+ \beta_4 TURNOVER_{i,T} + \beta_5 SIZE_{i,T} + \beta_6 DEBT_{i,T} \\ &+ \beta_7 BM_{i,T} + \theta_T + \gamma_i + \varepsilon_{i,T} \end{aligned} \quad (3.1)$$

其中,$RETURNS_{i,T+1}$是股票i在$T+1$时刻的半年的收益率。$HERD_{i,T}$是半年T中股票i所涉及的公募基金的羊群行为测度。笔者主要使用了三种羊群行为测度方法,分别是Lakonishok等(1992)提出的LSV羊群指标(HM)、Brown等(2014)提出的BWW指标($ADJHM$)和Frey等(2014)提出的FWH羊群指标($H2^{qs}$)。$DISP_{i,T}$是股票i在半年T中的每股盈余年末预测标准差。$RETURNS_{i,T}$是股票i在半年T中的累计收益(非复合收益)。$TURNOVER_{i,T}$是股票i在半年T中的换手率,定义为过去六个月的月平均成交量,其中月成交量计算为一个月内交易的总股数除以流通股数。$SIZE_{i,T}$是股票i在半年T末的市值。$DEBT_{i,T}$是财务杠杆,定义为股票i在半年T末的资产负债比率。

$BM_{i,T}$是股票i在半年T中的账面市值比。θ_T和γ_i分别指时间固定效应和行业固定效应。由于公募基金只在第二季度末和第四季度末才发布持股信息,所以本文主要分析的是半年度数据而不是季度数据。

表3-1为公募基金的羊群行为对于股票收益率的面板数据模型回归结果。笔者首先使用Lakonishok等(1992)提出的LSV羊群测度指标(HM)作为两个不同回归模型(有控制变量和无控制变量)的主要解释变量。笔者发现,当前半年期公募基金的羊群行为与随后半年期中国股票收益率显著正相关。此外,股票分析师数量对模型(3.1)中的股票收益率有显著的正向影响。在其他股票特征方面,笔者观察到账面市值比率与股票收益率均为显著正相关,而市值规模和换手率则与股票未来收益率显著负相关。然而,这些控制变量的显著影响并没有降低公募基金的羊群行为对股票收益率的显著积极影响。

表3-1 基金羊群行为对于股票收益率的影响分析

	组A:HERD=HM		组B:HERD=ADJHM		组C:HERD=H2^{qs}	
	Model 1	Model 2	Model 3	Model 4	Model 5	Model 6
HERD	0.085***	0.070***	0.255***	0.289***	0.118***	0.053**
	(6.460)	(5.260)	(40.190)	(46.120)	(5.790)	(2.540)
COVERAGE		0.001***		0.002***		0.001***
		(9.060)		(11.750)		(9.300)
RETURNS		0.077		0.203		0.086
		(0.450)		(0.910)		(0.490)
TURNOVER		−0.001***		−0.001***		−0.001***
		(−10.280)		(−10.170)		(−10.050)
SIZE		−0.044***		−0.042***		−0.044***
		(−20.290)		(−19.900)		(−19.790)
DEBT		0.000 1		0.005		0.000
		(0.020)		(0.650)		(−0.030)
BM		0.055***		0.054***		0.058***
		(7.210)		(7.540)		(7.350)
Constant	0.117***	0.717***	0.132***	0.725***	0.122***	0.722***
	(9.550)	(20.660)	(11.940)	(21.640)	(9.340)	(20.300)

续　表

	组 A：HERD=HM		组 B：HERD=ADJHM		组 C：HERD=$H2^{qs}$	
	Model 1	Model 2	Model 3	Model 4	Model 5	Model 6
Time FEs	YES	YES	YES	YES	YES	YES
Industry FEs	YES	YES	YES	YES	YES	YES
R-square	0.366	0.420	0.396	0.468	0.361	0.425
Observation	50 762	34 957	50 762	34 957	47 567	34 046

注：表格中星号表示显著性水平，* 表示在 10% 的置信水平下显著，** 表示在 5% 的置信水平下显著，*** 表示在 1% 的置信水平下显著。括号内为 t 值，t 值采用基金个体层面聚类进行调整。

在表 3-1 的组 B 和组 C 中，笔者分别使用了 Brown 等(2014)的 BWW 羊群指标($ADJHM$)和 Frey 等(2014)提出的 FHW 羊群指标($H2^{qs}$)作为主要解释变量，并进行与组 A 类似的面板回归分析。笔者发现在所有模型中，当期半年度公募基金的羊群行为仍然与下期半年度股票收益率显著正相关。同样，股票分析师数量也与股票收益率呈显著正相关，其他控制变量也再次保持其对下期股票收益率的预期影响和显著性。在模型加入这些控制变量后，公募基金的羊群行为与股票收益率之间的正相关关系依然显著成立。上述结果说明了基金羊群行为对于股票收益率有显著的正向影响。

3.1.2　分样本检验

(1) 不同持股比例

笔者认为，基金持股比例可能会对公募基金的羊群行为和股票未来收益之间的关系产生影响，因为更高的基金持股比例意味着公募基金有更多的股份可交易，因此，它们的交易行为可能会对股票未来收益率产生更大的影响。

表 3-2 将研究样本区分为低基金持股比例样本组(Low IO)(后 50% 的持股比例)和高基金持股比例样本组(High IO)(前 50% 的持股比例)，同时分别以 LSV 羊群指标(HM)、BWW 羊群指标($ADJHM$)和 FHW 羊群指标($H2^{qs}$)衡量公募基金的羊群行为，并作为面板回归的主要解释变量的面板回归结果。

在表 3-2 的组 A 中，笔者使用 Lakonishok 等(1992)提出的 LSV 羊群测度指标(HM)作为回归中的主要解释变量，发现 LSV 羊群测度指标(HM)对股票收益率存在显著的正向影响作用,对于两个不同的高持股比例样本组和低持股比例样本组,影响系数有比较大的差别(0.081 vs 0.046)。在表 3-2 的组 B 中,笔者使用 Brown 等(2014)的 BWW 羊群度量指标(*ADJHM*)作为主要的解释变量,同样也发现 BWW 羊群度量指标(*ADJHM*)对于股票收益率存在显著的正向影响,高基金持股比例样本组的影响系数要比低基金持股比例样本组更大(0.366 vs 0.155)。在表 3-2 的组 C 中,笔者使用 Frey 等(2014)的 FHW 羊群

表 3-2 基金羊群行为对于股票收益率的影响分析:不同持股比例

	组 A:HERD=HM		组 B:HERD=ADJHM		组 C:HERD=$H2^{qs}$	
	Low IO	High IO	Low IO	High IO	Low IO	High IO
HERD	0.046**	0.081***	0.155***	0.366***	0.030	0.116***
	(2.400)	(4.470)	(15.440)	(49.340)	(1.160)	(3.450)
COVERAGE	0.000 2	0.001***	0.001**	0.001***	0.000 2	0.001***
	(0.580)	(6.270)	(2.370)	(8.140)	(0.730)	(6.530)
RETURNS	0.651***	−0.057	0.829***	0.035	0.677***	−0.057
	(2.830)	(−0.540)	(3.370)	(0.260)	(2.930)	(−0.520)
TURNOVER	−0.001***	−0.001***	−0.001***	−0.001***	−0.001***	−0.001***
	(−6.820)	(−6.440)	(−7.120)	(−6.070)	(−6.650)	(−6.360)
SIZE	−0.047***	−0.043***	−0.050***	−0.036***	−0.046***	−0.042***
	(−12.340)	(−15.610)	(−12.740)	(−13.990)	(−11.730)	(−15.060)
DEBT	0.004	−0.011	0.005	−0.001	0.002	−0.012
	(0.310)	(−1.050)	(0.380)	(−0.090)	(0.110)	(−0.970)
BM	0.116***	0.036***	0.112***	0.036***	0.120***	0.039***
	(6.690)	(3.950)	(6.750)	(4.360)	(6.580)	(4.140)
Constant	0.696***	0.721***	0.763***	0.652***	0.689***	0.714***
	(11.400)	(16.550)	(12.300)	(16.270)	(10.810)	(16.140)
Time FEs	YES	YES	YES	YES	YES	YES
Industry FEs	YES	YES	YES	YES	YES	YES
R-square	0.435	0.418	0.450	0.491	0.424	0.431
Observation	12 306	22 651	12 306	22 651	11 682	22 364

注:表格中星号表示显著性水平,* 表示在 10% 的置信水平下显著,** 表示在 5% 的置信水平下显著,*** 表示在 1% 的置信水平下显著。括号内为 t 值,t 值采用基金个体层面聚类进行调整。

度量指标($H2^{qs}$)作为主要解释变量。笔者依然发现FHW羊群度量指标($H2^{qs}$)对股票收益率有显著的正向影响,且高基金持股比例样本组和低基金持股比例样本组系数差异大(0.116 vs 0.030)。

由三组结果可以看出,在不同指标衡量公募基金的羊群行为的情况下,低基金持股比例样本组和高基金持股比例样本组中公募基金的羊群行为都对股票收益率产生正向影响作用。通过对比低基金持股比例样本组和高基金持股比例样本组结果可以看出,高基金持股比例样本组中公募基金的羊群行为的回归系数相较低基金持股比例样本组的更大且显著性程度更高。这一结果符合前文的推测,即更高持股比例的公募基金会对股票收益产生更大程度的影响。

(2) 不同时间跨度

在2011年,中国实行允许所有市场参与者交易沪深两市注册的所有股票。在股权分置改革之后,为了判断公募基金的羊群行为对于股票收益率在不同时间阶段的影响作用是否存在差异,笔者将研究样本期间区分为(2005—2011)和(2012—2019)来进行分析,表3-3是区分样本区间分别进行面板回归的结果。由结果可以看出,在后一阶段(2012—2019)公募基金的羊群行为对于股票收益率具有显著的正向影响作用。但是,在前一阶段(2005—2011),可以看到采用不同指标衡量公募基金的羊群行为的结果出现差异。值得注意的是,采用$H2^{qs}$指标衡量公募基金的羊群行为作为回归的主要解释变量时,其回归系数显著为负,这一点与之前的分析得到的结果不同。

表3-3 基金羊群行为对于股票收益率的影响分析:不同时间跨度

	组A:HERD=HM		组B:HERD=ADJHM		组C:HERD=$H2^{qs}$	
	2005—2011	2012—2019	2005—2011	2012—2019	2005—2011	2012—2019
HERD	−0.020	0.118***	0.328***	0.269***	0.104***	0.192***
	(−1.270)	(6.200)	(40.730)	(33.380)	(4.400)	(5.830)
COVERAGE	0.001***	0.001***	0.002***	0.002***	0.001***	0.002***
	(4.840)	(8.260)	(9.180)	(9.840)	(4.740)	(8.550)
RETURNS	−0.182***	1.399***	−0.098***	1.739***	−0.178***	1.437***
	(−6.970)	(6.440)	(−3.450)	(7.430)	(−7.000)	(6.590)

续 表

	组A：HERD=HM		组B：HERD=ADJHM		组C：HERD=H2^{qs}	
	2005—2011	2012—2019	2005—2011	2012—2019	2005—2011	2012—2019
TURNOVER	−0.001***	−0.001***	−0.001***	−0.001***	−0.001***	−0.001***
	(−4.240)	(−9.870)	(−5.120)	(−9.530)	(−4.160)	(−9.770)
SIZE	−0.043***	−0.042***	−0.041***	−0.042***	−0.047***	−0.040***
	(−15.540)	(−15.170)	(−15.400)	(−15.630)	(−16.330)	(−14.380)
DEBT	0.031***	−0.035**	0.025**	−0.017	0.035***	−0.029**
	(2.790)	(−2.380)	(2.500)	(−1.190)	(2.990)	(−2.020)
BM	0.042***	0.075***	0.045***	0.069***	0.046***	0.075***
	(3.570)	(7.330)	(4.290)	(7.120)	(3.750)	(7.270)
Constant	0.721***	0.585***	0.713***	0.561***	0.784***	0.557***
	(16.350)	(13.260)	(17.160)	(13.240)	(17.010)	(12.580)
Time FEs	YES	YES	YES	YES	YES	YES
Industry FEs	YES	YES	YES	YES	YES	YES
R-square	0.629	0.309	0.688	0.350	0.628	0.319
Observation	12 071	22 886	12 071	22 886	11 392	22 654

注：表格中星号表示显著性水平，* 表示在10%的置信水平下显著，** 表示在5%的置信水平下显著，*** 表示在1%的置信水平下显著。括号内为 t 值，t 值采用基金个体层面聚类进行调整。

(3) 企业属性的调节作用

考虑到企业属性的问题可能会影响到企业运营进而在股票收益上体现出来，笔者依据企业的属性将企业划分为国有企业（SOE）和非国有企业。在模型中，设定企业为国有企业为1（SOE=1），非国有企业为0（SOE=0）。表3－4展示了相关的研究结果。笔者在组A中使用LSV羊群指标（HM），在组B中使用BWW羊群指标（ADJHM），在组C中使用FHW羊群指标（$H2^{qs}$），作为影响股票收益率的主要解释变量。

在表3－4的组A中，笔者使用Lakonishok等（1992）提出的LSV羊群测度指标（HM）作为回归中的主要解释变量，研究结果表明企业属性为国有企业对于收益率具有负向影响，同时交互项的系数也是负的，企业属性起到的调节作用也是负向的，说明在不考虑企业属性的情况下，羊群行为对股票收益率具有正向的影响作用,然而如果企业是国有企业,羊群行为对于国有企业的收益率的正向作用降低。

在表 3-4 的组 B 中,笔者使用 Brown 等(2014)提出的 BWW 羊群度量指标($ADJHM$)作为主要的解释变量,研究结果表明企业属性为国有企业对于收益率具有负向的影响,然而与组 A 的结果不同,交互项的系数为正但在统计意义上并不显著。在表 3-4 的组 C 中,笔者使用 Frey 等(2014)的 FHW 羊群度量指标($H2^{qs}$)作为主要解释变量,发现尽管系数并不显著但仍为负向,企业属性为国有企业对于收益率具有负向的影响。同时交互项的系数在加入控制变量后显著为负,说明当企业为国有企业时,羊群行为对于股票收益率的正向作用减少。

综合三组分析结果可以发现,基金羊群行为指标对股票收益率都存在显著的正向影响,然而当企业的属性为国有企业时,基金羊群行为对于股票收益率的正向作用降低。

表 3-4 基金羊群行为对于股票收益率的影响分析:企业属性

	组 A:HERD=HM		组 B:HERD=ADJHM		组 C:HERD=$H2^{qs}$	
	Model 1	Model 2	Model 3	Model 4	Model 5	Model 6
HERD	0.076***	0.065***	0.054***	0.050***	0.172***	0.101***
	(4.350)	(3.840)	(9.270)	(6.400)	(6.050)	(4.030)
HERD*SOE	−0.038	−0.077**	0.015	0.011	−0.081	−0.147***
	(−1.150)	(−2.360)	(1.450)	(0.790)	(−1.600)	(−2.620)
SOE	−0.006*	0.007	−0.010***	−0.0003	−0.006	0.006
	(−1.660)	(1.590)	(−2.770)	(−0.080)	(−1.610)	(1.550)
COVERAGE		0.001***		0.0004**		0.001***
		(7.360)		(2.070)		(7.570)
RETURNS		−0.191***		−0.264		−0.193***
		(−6.840)		(−1.500)		(−6.870)
TURNOVER		−0.001***		−0.001***		−0.001***
		(−7.130)		(−7.400)		(−7.100)
SIZE		−0.042***		−0.048***		−0.042***
		(−18.240)		(−19.400)		(−17.590)

续 表

	组 A：HERD=HM		组 B：HERD=ADJHM		组 C：HERD=H2^{qs}	
	Model 1	Model 2	Model 3	Model 4	Model 5	Model 6
DEBT		−0.010		−0.013		−0.011
		(−1.030)		(−1.220)		(−0.900)
BM		0.058***		0.066***		0.060***
		(6.840)		(7.860)		(6.770)
Constant	0.145***	0.728***	0.140***	0.811***	0.152***	0.723***
	(7.260)	(16.580)	(6.890)	(17.910)	(6.940)	(16.140)
Time FEs	YES	YES	YES	YES	YES	YES
Industry FEs	YES	YES	YES	YES	YES	YES
R-square	0.344	0.405	0.349	0.418	0.341	0.412
Observation	38 195	27 514	35 586	25 783	36 298	26 852

注：表格中星号表示显著性水平，* 表示在 10% 的置信水平下显著，** 表示在 5% 的置信水平下显著，*** 表示在 1% 的置信水平下显著。括号内为 t 值，t 值采用基金个体层面聚类进行调整。

3.1.3 稳健性检验

考虑到由于股票市场崩盘，基金羊群行为对于股票收益率的影响可能不同，笔者依据我国股票市场崩盘与否将时间段分为股票市场崩盘时期(Crash)，包括 2008 年、2009 年和 2015 年，其他时间则为非崩盘时期(Non-crash)。表 3-5 中，笔者在组 A 中使用 LSV 羊群指标(HM)，在组 B 中使用 BWW 羊群指标($ADJHM$)，在组 C 中使用 FHW 羊群指标($H2^{qs}$)作为股票收益率的主要解释变量。

可以发现基金羊群行为指标在非股票市场崩盘期其对股票收益率都存在显著的正向影响作用，但是在股票市场崩盘期间，LSV 羊群指标(HM)和 FHW 羊群指标($H2^{qs}$)对于股票收益率的影响不显著。此外，可以发现在非股票市场崩盘时期，基金羊群行为指标比股票市场崩盘时期的作用更大并且更为显著。

在表 3-5 的组 A 中，笔者使用 Lakonishok 等(1992)提出的 LSV 羊群测度指标(HM)作为回归中的主要解释变量，发现公募基金的羊群行为在非股票市场崩盘时期对于股票收益率存在显著的正向影响,说明在非股票市场崩盘时期,公募基金的羊群行为能够提高股票收益率。在股票市场崩盘时期对于股票收益率的影响并不显著,说明在股票市场崩盘时期,公募基金的羊群行为在市场上并没有起到明显作用,可能在市场崩盘时期投资者情绪等因素对于股票收益率等起到了更大的影响。

表 3-5 基金羊群行为对于股票收益率的影响分析:股票市场崩盘

	组 A:HERD=HM		组 B:HERD=ADJHM		组 C:HERD=H2^{qs}	
	Crash	Non-Crash	Crash	Non-Crash	Crash	Non-Crash
$HERD$	0.024	0.181***	0.157***	0.202***	−0.076	0.074**
	(0.750)	(9.500)	(12.300)	(24.690)	(−1.450)	(2.360)
$COVERAGE$	0.004***	0.002***	0.004***	0.002***	0.004***	0.002***
	(11.600)	(9.260)	(12.800)	(10.050)	(11.510)	(9.160)
$RETURNS$	1.763***	−0.0001	2.012***	0.088	1.776***	0.022
	(8.360)	(0.000)	(9.360)	(0.680)	(8.390)	(0.200)
$TURNOVER$	−0.001***	0.001***	−0.001***	0.001***	−0.001***	0.001***
	(−8.490)	(4.030)	(−7.890)	(4.710)	(−8.590)	(4.240)
$SIZE$	−0.107***	−0.069***	−0.108***	−0.067***	−0.109***	−0.069***
	(−27.740)	(−21.260)	(−28.600)	(−20.620)	(−26.330)	(−20.470)
$DEBT$	−0.098***	0.040***	−0.094***	0.045***	−0.087***	0.045***
	(−3.540)	(2.830)	(−3.400)	(3.010)	(−3.280)	(3.330)
BM	0.300***	0.130***	0.281***	0.137***	0.301***	0.125***
	(15.070)	(11.470)	(14.250)	(12.090)	(14.810)	(11.070)
Constant	1.618***	1.013***	1.641***	0.991***	1.658***	1.030***
	(25.300)	(18.270)	(26.440)	(17.900)	(24.390)	(17.940)
Time FEs	YES	YES	YES	YES	YES	YES
Industry FEs	YES	YES	YES	YES	YES	YES
R-square	0.108	0.039	0.122	0.062	0.114	0.036
Observation	10 220	24 737	10 220	24 737	10 004	24 042

注:表格中星号表示显著性水平,* 表示在10%的置信水平下显著,** 表示在5%的置信水平下显著,*** 表示在1%的置信水平下显著。括号内为 t 值,t 值采用基金个体层面聚类进行调整。

在表 3-5 的组 B 中,笔者使用 Brown 等(2014)的 BWW 羊群度量指标($ADJHM$)作为主要的解释变量,发现无论是在股票市场崩盘时期还是在非股票市场崩盘时期,公募基金的羊群行为都对股票收益率产生显著的正向影响,同时相比在股票市场崩盘时期,在非股票市场崩盘时期能够产生更显著的正向影响(0.202)。在表 3-5 的组 C 中,笔者使用 Frey 等(2014)的 FHW 羊群度量指标($H2^{qs}$)作为主要解释变量,发现公募基金的羊群行为在非股票市场崩盘时期对于股票收益率存在显著的正向影响,而在股票市场崩盘时期对于股票收益率的影响并不显著。

通过对比三组分析结果可以发现,基金羊群行为指标在非股票市场崩盘期对股票收益率都存在显著的正向影响作用。此外,可以发现在非股票市场崩盘时期,基金羊群行为指标比股票市场崩盘时期的作用更大并且更为显著。[1]

3.2 公募基金的羊群行为对股票风险的影响

金融市场中的羊群行为在金融文献中得到了广泛的研究。大量研究检验了发达市场或新兴市场是否存在羊群行为(Lakonishok et al.,1992;Tan et al.,2008;Choi and Skiba,2015;DeVault et al.,2019)。这些研究大多都找到了支持机构投资者、个人投资者和其他金融专业人士存在羊群行为的证据。例如 Wermers(1999)发现美国市场的羊群行为主要集中在小型股和成长型共同基金。Sias(2004)发现机构投资者倾向于追踪彼此的交易。Hwang 和 Salmon(2004)发现了美国和韩国市场的羊群行为的证据。Walter 和 Weber(2006)发现德国共同基金经理具有从众行为。Tan 等(2008)发现了中国 A 股(B 股)市场中个人(机构)投资者的羊群行为。Hung 等(2010)发现中国台湾股市中共同基金羊群行为的证据。鉴于羊群行为的普遍性,了解其影响至关重要。

---

[1] 此外,为了比较在经济扩张时期和经济衰退时期基金羊群行为对于股票收益率的影响,笔者根据 OECD 的数据,将整个样本时间段分成经济衰退期和经济扩张期。同时,笔者分别以 HM、$ADJHM$ 和 $H2^{qs}$ 三种指标衡量公募基金的羊群行为,并作为回归的主要解释变量的面板回归结果,从表 3-5 中可以发现在经济扩张期,LSV 羊群指标(HM)和 BWW 羊群指标($ADJHM$)对于股票收益率都有着显著正向的影响。FHW 羊群指标($H2^{qs}$)对股票收益率的影响作用是正向但是不显著。在经济衰退期,LSV 羊群指标(HM)和 BWW 羊群指标($ADJHM$)对于股票收益率都有着显著正向的影响。

关于羊群行为如何影响金融市场,以往文献提供了两种观点。大多数研究认为羊群行为破坏了金融市场的稳定,因为它不是基于信息产生的。机构投资者参与反馈交易,其羊群行为导致了巨大的价格压力(如 Nofsinger and Sias,1999;De Long et al.,1990)。Scharfstein 和 Stein(1990)以及 Trueman(1988)认为,有职业顾虑的基金经理可能只是简单地跟随其他经理的交易,以被投资者视为技术娴熟。不知情的投资者可能模仿其他知情交易者的投资决定(Froot et al.,1992;Hirshleifer et al.,1994)。由于上述非信息基础的羊群行为,资产价格偏离其基本价值从而导致金融市场的错误定价。

其他一些研究认为羊群行为不会破坏金融市场的稳定。Lakonishok 等(1992)认为,机构投资者采用广泛的投资策略和风格可以相互抵消彼此对价格的影响。Walter 和 Weber(2006)发现,德国共同基金的羊群行为对股票价格的影响很小。此外,Wermers(1999)发现共同基金的羊群行为引起的股价变化是永久性的,这表明共同基金的羊群行为加快了股价调整的速度。

有许多研究考察了中国市场的相关情况。例如 Eun 和 Huang(2007)发现,中国市场对特质风险进行了定价而贝塔系数则没有,外国股东的存在降低了股票的要求回报率。Chang 和 Lin(2015)将中国和其他亚洲地区的羊群行为与儒家文化联系起来。Tan 等(2008)发现,对于双重上市的 A 股和 B 股股票,羊群行为的主要参与者是 A 股(B 股)市场的个人(机构)投资者。Yao 等(2014)发现,羊群行为在 B 股市场和市场低迷时期更为普遍。Zheng 等(2015)发现机构羊群行为对中国股市的超额收益具有正向预测作用。与个人投资者相比,中国市场上的机构投资者更了解情况,更有选择性地从众(Li et al.,2017)。Li 等(2019)将机构羊群与回报相关性以及中国市场独特的购买和赎回机制联系起来。虽然大多数研究集中在羊群行为对回报(即价格)的影响上,但另一个衡量股票特征的重要指标——波动性却很少受到关注,尤其是在新兴市场。本节旨在通过考察公募基金的羊群行为对中国股票市场回报波动性的影响来填补这一空白,本节的一大重要贡献就在于首次研究公募基金的羊群行为对新兴市场股票特质波动率的影响。

在国内的研究中,蔡庆丰等(2011)的研究表明证券分析师和机构投资者羊群行为的叠加可能是导致 A 股市场波动加剧的主要原因。丁乙(2021)也发现证券投资基金的羊群行为会加剧股票市场的波动。有些文献认为基金羊群行为对股价的影响不大或者是没有影响。如赵家敏和彭虹（2004）以48只封闭式基金为研究对象，发现我国证券投资基金存在显著的羊群行为，但是由于其在整个股市中份额占比较少，因此并不会对整体股价波动产生影响作用。

在本节中，笔者综合应用了三种公募基金的羊群行为测度方法，包括Lakonishok等（1992）的LSV羊群指标（HM）、Brown等（2014）的BWW羊群指标（$ADJHM$）和Frey等（2014）的FHW羊群行为指标（$H2^{qs}$）。通过使用这三个指标，笔者探讨了公募基金的羊群行为在中国股市特质波动中的作用。首先，实证结果证实了我国股票市场存在公募基金的羊群行为。通过使用面板回归模型，笔者发现公募基金的羊群行为对中国股票的未来特质波动率具有显著正向的影响。笔者还证实了公募基金的羊群行为与股票特质波动率之间的正相关关系在具有不同样本预测期的股票中、具有不同时间跨度的股票中和用尾部风险度量股票风险时依然稳健。

3.2.1 公募基金的羊群行为特质波动率的面板回归分析

在本小节中，笔者使用公募基金的羊群行为作为主要变量来解释中国股市特质波动率。在笔者的实证分析中，使用面板回归模型检验当期半年度公募基金的羊群行为与下期半年度股票收益波动率之间的关系，同时在回归中控制其他股票特征。基于Chan和Hameed（2006）的研究，笔者将公司市值、换手率、杠杆率和账面市值比作为回归的控制变量。除此之外笔者也将分析师每股盈余预测标准差纳入控制变量范畴。具体来说，笔者用公式（3.2）所示的如下面板回归模型来估计公募基金的羊群行为对股票未来波动率的影响：

$$IVOL_{i,T+1} = \beta_0 + \beta_1 HERD_{i,T} + \beta_2 DISP_{i,T} + \beta_3 RETURNS_{i,T} + \beta_4 TURNOVER_{i,T}$$
$$+ \beta_5 SIZE_{i,T} + \beta_6 DEBT_{i,T} + \beta_7 BM_{i,T} + \theta_T + \gamma_i + \varepsilon_{i,T} \quad (3.2)$$

式中，$IVOL_{i,T+1}$是股票i在$T+1$时刻的半年度特质波动率，反映了股市特质风险。$HERD_{i,T}$是半年T中股票i所涉及的公募基金的羊群行为测度。笔者主要使用了三种羊群行为测度方法，分别是Lakonishok等（1992）提出的LSV羊群指标（HM）、Brown等（2014）提出BWW羊群指标（$ADJHM$）和Frey等（2014）提出的FWH羊群指标（$H2^{qs}$）。$DISP_{i,T}$是股票i在半年T中的每股盈余预测标准差。$RETURNS_{i,T}$ 是股票 i 在半年 T 中的累计收益（非复合收益）。$TURNOVER_{i,T}$ 是股票 i 在半年 T 中的换手率，定义为过去六个月的月平均成交量，其中月成交量计算为一个月内交易的总股数除以流通股数。$SIZE_{i,T}$ 是股票 i 在半年末的市值 T。$DEBT_{i,T}$ 是财务杠杆，定义为股票 i 在半年 T 末的资产负债比率。$BM_{i,T}$ 是股票 i 在半年 T 中的账面市值比。θ_T 和 γ_i 分别指时间固定效应和行业固定效应。由于公募基金只在第二季度末和第四季度末才发布持股信息，所以笔者主要分析的是半年度数据而不是季度数据。

关于股票特质波动率的计算，笔者使用 Fama 和 French（1993）三因子模型并使用日度股票收益率数据计算出股票的半年度特质波动率。回归模型如公式（3.3）所示：

$$r_{i,d} = \alpha_i + \beta_{i,MKT}MKT_d + \beta_{i,SMB}SMB_d + \beta_{i,HML}HML_d + \varepsilon_{i,d} \quad (3.3)$$

其中，$r_{i,d}$ 是股票 i 的第 d 日的超额收益率。MKT_d 是第 d 日市场组合的超额收益率，SMB_d 是第 d 日市值因子的模拟组合收益率，HML_d 为第 d 日账面市值比因子的模拟组合收益率。为了计算股票特质波动率，笔者首先使用日度数据通过公式（3.3）算出回归模型的日度残差，并计算出日度残差的半年度标准差来度量股票特质波动率，公式如下所示：

$$IVOL_{i,t} = \sqrt{\frac{1}{N-1}\sum_{d=1}^{n}(\varepsilon_{i,d} - MEAN_{i,d})} \quad (3.4)$$

其中，$IVOL_{i,t}$ 是半年度的股票特质波动率，$MEAN_{i,d}$ 是股票 i 的日度残差的半年度均值。

实证结果如表 3-6 所示。在表 3-6 的组 A 中，笔者首先使用 Lakonishok 等（1992）提出的 LSV 羊群测度指标（HM）作为两个不同回归模型（有控制变量和无控制变量）的主要解释变量。笔者发现，当前半年期公募基金的羊群行为与随后半年期中国股市特质波动显著正相关。此外，每股盈余预测标准差对模型（2）中的特质波动率有显著的正向影响。这表明，每股盈余预测标准差会增加股票定价的不确定性，增加股市特质波动率。在其他公司特征方面，笔者观察到近六个月累计股票收益率、换手率和杠杆率与股票未来特质波动率均为显著正相关，而市值规模和账面市值比率则与股票未来特质波动率显著负相关。然而，这些控制变量的显著影响并没有降低公募基金的羊群行为对中国股票未来特质波动的显著积极影响。

表 3-6　基金羊群行为对于股票特质波动率的影响分析

	组 A：HERD=HM		组 B：HERD=ADJHM		组 C：HERD=H2^{qs}	
	Model 1	Model 2	Model 3	Model 4	Model 5	Model 6
HERD	0.288***	0.310***	0.195***	0.215***	0.597***	0.559***
	(12.220)	(10.580)	(19.870)	(16.820)	(16.920)	(10.160)
DISP		0.256***		0.265***		0.263***
		(8.170)		(8.120)		(8.240)
RETURNS		2.989***		2.754***		2.915***
		(3.710)		(3.650)		(3.630)
TURNOVER		0.002***		0.003***		0.002***
		(10.810)		(11.680)		(10.290)
SIZE		−0.128***		−0.126***		−0.122***
		(−20.930)		(−20.660)		(−19.510)
DEBT		0.249***		0.226***		0.263***
		(8.090)		(7.490)		(8.240)
BM		−0.567***		−0.523***		−0.575***
		(−20.450)		(−19.400)		(−20.340)
Constant	2.173***	4.241***	28.270***	5.041***	2.079***	4.136***
	(43.820)	(37.490)	(49.510)	(40.010)	(38.410)	(35.880)
Time FEs	YES	YES	YES	YES	YES	YES
Industry FEs	YES	YES	YES	YES	YES	YES
R-square	0.278	0.398	0.283	0.403	0.283	0.400
Observation	54 080	30 624	52 913	30 310	50 187	30 107

注：表格中星号表示显著性水平，* 表示在10%的置信水平下显著，** 表示在5%的置信水平下显著，*** 表示在1%的置信水平下显著。括号内为 t 值，t 值采用基金个体层面聚类进行调整。

在表 3-6 的组 B 和组 C 中，笔者分别使用了 Brown 等（2014）的 BWW 羊群指标（ADJHM）和 Frey 等（2014）提出的 FHW 羊群指标（$H2^{qs}$）作为主要解释变量，并进行与组 A 类似的面板回归。笔者发现在所有模型中，当期半年度公募基金的羊群行为仍然与下期半年度股票特质波动率显著正相关。同样，每股盈余预测标准差也与股票未来特质波动率显著正相关，其他控制变量也再次保持其对下期特质波动率的预期影响和显著性。在模型包含这些控制变量后，公募基金的羊群行为与股票未来特质波动之间的正相关关系依然显著成立。①

3.2.2 分样本检验

(1) 不同持股比例

笔者认为基金持股比例可能会对公募基金的羊群行为和股票未来收益之间的关系产生影响，因为更高的基金持股比例意味着公募基金有更多的股份可交易，因此，它们的交易行为可能会对股票未来收益率产生更大的影响，由此也会对股票特质波动率产生影响。同样笔者将研究样本区分为低基金持股比例样本组(Low IO)和高基金持股比例样本组(High IO)，同时分别以 HM、$ADJHM$ 和 $H2^{qs}$ 三种指标衡量公募基金的羊群行为，并作为回归的主要解释变量。

在表 3-7 的组 A 中，笔者使用 Lakonishok 等(1992)提出的 LSV 羊群测度指标(HM)作为回归中的主要解释变量，发现 LSV 羊群测度指标(HM)对股票特质波动率存在显著的正向影响作用，对于两个不同的持股比例样本组，影响系数差别不大。

在表 3-7 的组 B 中，笔者使用 Brown 等(2014)的 BWW 羊群度量指标($ADJHM$)作为主要的解释变量，发现 BWW 羊群度量指标($ADJHM$)对于股票特质波动率同样存在显著的正向影响，但高基金持股比例样本组的影响系数要比低基金持股比例样本组更大。

在表 3-7 的组 C 中，笔者使用 Frey 等(2014)的 FHW 羊群度量指标($H2^{qs}$)作为主要解释变量。笔者依然发现 FHW 羊群度量指标($H2^{qs}$)对股票特质波动率有显著的正向影响，且高基金持股比例样本组的影响系数是最大的(0.617)。

由三组结果可以看出，在不同指标衡量公募基金的羊群行为的情况下，低基金持股比例样本组和高基金持股比例样本组中公募基金的羊群行为都对股票特质波动率产生正向影响作用。通过对比低基金持股比例样本组和高基金持股比例样本组结果可以看出，高基金持股比例样本组中公募基金的羊群行为的回归系数相较低基金持股比例样本组的更大，这一结果符合前文的推测，即更高持股比例的公募基金会对股票特质波动率产生更大程度的影响。

---

① 作为稳健性检验，笔者还使用 Fama-MacBeth 方法来测试公募基金的羊群行为与股票未来特质波动率之间的关系，实证结果与面板回归一致，笔者使用横截面 Fama-MacBeth 回归再次发现公募基金的羊群行为与股票特质波动率之间存在显著的正相关关系。

表 3-7　基金羊群行为对股票特质波动率的影响分析：不同持股比例

	组 A：HERD=HM		组 B：HERD=ADJHM		组 C：HERD=H2^{qs}	
	Low IO	High IO	Low IO	High IO	Low IO	High IO
HERD	0.309***	0.299***	0.135***	0.250***	0.461***	0.617***
	(6.950)	(8.310)	(6.530)	(16.690)	(6.410)	(8.330)
DISP	0.319***	0.237***	0.331***	0.244***	0.354***	0.237***
	(5.430)	(6.640)	(5.480)	(6.540)	(5.630)	(6.650)
RETURNS	3.358***	2.519**	3.350***	2.152**	3.351***	2.442**
	(4.370)	(2.060)	(4.310)	(2.050)	(4.260)	(2.040)
TURNOVER	0.003***	0.002***	0.003***	0.002***	0.003***	0.002***
	(7.980)	(7.510)	(8.260)	(8.330)	(7.330)	(7.360)
SIZE	−0.114***	−0.133***	−0.114***	−0.128***	−0.109***	−0.126***
	(−9.920)	(−18.080)	(−9.870)	(−17.710)	(−9.200)	(−16.950)
DEBT	0.204***	0.281***	0.179***	0.255***	0.220***	0.289***
	(4.180)	(7.050)	(3.690)	(6.550)	(4.370)	(7.050)
BM	−0.462***	−0.617***	−0.442***	−0.556***	−0.464***	−0.624***
	(−8.630)	(−20.530)	(−8.530)	(−18.540)	(−8.460)	(−20.520)
Constant	3.969***	4.338***	4.458***	5.199***	3.870***	4.229***
	(21.160)	(31.060)	(21.000)	(33.660)	(19.940)	(30.000)
Time FEs	YES	YES	YES	YES	YES	YES
Industry FEs	YES	YES	YES	YES	YES	YES
R-square	0.358	0.426	0.359	0.434	0.361	0.427
Observation	9 522	21 102	9 440	20 870	9 193	20 914

注：表格中星号表示显著性水平，* 表示在10%的置信水平下显著，** 表示在5%的置信水平下显著，*** 表示在1%的置信水平下显著。括号内为 t 值，t 值采用基金个体层面聚类进行调整。

(2) 不同时间跨度

2011年底，中国实施了一些重要的金融改革政策，允许所有市场参与者交易沪深两市注册的所有股票。在这些改革之前，某些股票通常由国家或某些机构投资者持有，不允许进行交易。笔者认为在 2011 年取消这些交易限制后，公募基金的羊群行为对特质波动率的影响应该会更大。为了检验这一猜想，笔者将样本划分为两个子样本期：第一个样本期为 2005 至 2011 年，笔者将其定义为部分流通期;第二个样本期为 2012 至 2019 年,笔者将其定义为全流通期。笔者分别对这两个子样本期间的每一个样本进行面板回归。

在表 3-8 的组 A 中,笔者使用 Lakonishok 等(1992)提出的 LSV 羊群测度指标(HM)作为回归中的主要解释变量,发现公募基金的羊群行为对两个子样本期的后续股票特质波动率都有正向影响。但这种影响效果在 2012 至 2019 年全流通期间更强一些(羊群指标系数更大,t 统计量更大),这表明在允许所有市场参与者交易所有股票后,公募基金的羊群行为对特质波动率的影响更大,其主要原因可能是这些改革允许公募基金 2011 年后在其投资组合中持有更多的股份。

在表 3-8 的组 B 中,笔者使用 Brown 等(2014)的 BWW 羊群度量指标($ADJHM$)作为主要的解释变量;组 C 中,笔者使用 Frey 等(2014)的 FHW 羊群度量指标($H2^{qs}$)作为主要解释变量。笔者依然发现 2012 至 2019 年全流通期间公募基金的羊群行为对股票特质波动率有更显著的正向影响。与 2005 至 2011 年部分流通期相比,公募基金的羊群行为对特质波动率的影响在 2012 至 2019 年全流通期的幅度和显著程度均更大。

表 3-8 基金羊群行为对股票特质波动率的影响分析:不同时间跨度

	组 A:HERD=HM		组 B:HERD=ADJHM		组 C:HERD=$H2^{qs}$	
	2005—2011	2012—2019	2005—2011	2012—2019	2005—2011	2012—2019
HERD	0.081**	0.412***	0.120***	0.249***	0.216***	0.749***
	(2.030)	(11.790)	(6.970)	(17.250)	(3.350)	(10.700)
DISP	0.355***	0.214***	0.372***	0.217***	0.358***	0.222***
	(6.880)	(6.260)	(6.870)	(6.220)	(6.870)	(6.350)
RETURNS	0.795***	6.120***	0.674***	5.777***	0.768***	6.039***
	(3.120)	(12.610)	(3.150)	(12.260)	(3.130)	(12.240)
TURNOVER	0.002***	0.002***	0.001***	0.003***	0.001***	0.002***
	(3.910)	(9.710)	(3.630)	(11.080)	(3.510)	(9.350)
SIZE	−0.130***	−0.130***	−0.130***	−0.127***	−0.128***	−0.122***
	(−14.630)	(−18.530)	(−14.420)	(−18.360)	(−13.860)	(−17.200)
DEBT	0.251***	0.240***	0.236***	0.224***	0.266***	0.252***
	(5.000)	(6.640)	(4.770)	(6.350)	(4.940)	(6.950)

续 表

	组 A：HERD=HM		组 B：HERD=ADJHM		组 C：HERD=H2^{qs}	
	2005—2011	2012—2019	2005—2011	2012—2019	2005—2011	2012—2019
BM	−0.461***	−0.583***	−0.431***	−0.543***	−0.476***	−0.587***
	(−10.680)	(−17.370)	(−10.070)	(−16.900)	(−10.720)	(−17.360)
Constant	4.168***	4.058***	5.008***	4.050***	4.122***	3.952***
	(28.250)	(29.890)	(31.980)	(30.480)	(27.070)	(28.720)
Time FEs	YES	YES	YES	YES	YES	YES
Industry FEs	YES	YES	YES	YES	YES	YES
R-square	0.406	0.405	0.411	0.410	0.413	0.406
Observation	9 706	20 918	9 392	20 918	9 354	20 753

注：表格中星号表示显著性水平，* 表示在10%的置信水平下显著，** 表示在5%的置信水平下显著，*** 表示在1%的置信水平下显著。括号内为 t 值，t 值采用基金个体层面聚类进行调整。

(3) 股票市场崩盘

考虑到由于股票市场崩盘，基金羊群行为对于股票特质波动率的影响可能不同，笔者依据我国股票市场崩盘与否将时间段分为股票市场崩盘时期(Crash)，包括2008年、2009年和2015年，其他时间则为非崩盘时期(Non-crash)。

在表3-9的组A中，笔者使用Lakonishok等(1992)提出的LSV羊群测度指标(HM)作为回归中的主要解释变量，LSV羊群测度指标(HM)对于股票特质波动率在股票市场崩盘时期和非崩盘时期都具有显著的正向影响；股票市场崩盘期间的影响系数(0.480)比非崩盘期间的系数更大，说明股票市场的崩盘会放大公募基金的羊群行为对于股票特质波动率的影响，其原因可能是在股票市场崩盘期间，公募基金可能同时操作相同的股票导致股票的价格波动幅度更加明显。

在表3-9的组B中，笔者使用Brown等(2014)的BWW羊群度量指标($ADJHM$)作为主要的解释变量，发现BWW羊群度量指标($ADJHM$)对于股票特质波动率在股票市场崩盘时期和非崩盘时期都具有显著的正向影响，与非崩盘时期(0.086，t 统计量为5.670)相比，BWW羊群度量指标($ADJHM$)对股票特质波动率的影响在崩盘时期(0.185，t 统计量为7.630)更大。

在表 3-9 的组 C 中,笔者使用 Frey 等(2014)的 FHW 羊群度量指标($H2^{qs}$)作为主要解释变量。笔者发现 FHW 羊群度量指标($H2^{qs}$)对于股票特质波动率在两个时期都是显著正向影响,同时崩盘时期的影响系数(1.196,t 统计量为 10.840)要比非崩盘时期的影响系数要大(0.392,t 统计量为 5.800)。

由三组结果可以看出,在不同指标衡量公募基金的羊群行为下,在股票市场崩盘和非崩盘时期公募基金的羊群行为都对于股票特质波动率具有显著的正向影响,通过对比股票市场崩盘时期和非崩盘时期,回归结果可以得出股票市场崩盘时期公募基金的羊群行为要大于非崩盘时期。①

表 3-9 基金羊群行为对股票特质波动率的影响分析:股票市场崩盘

	组 A:HERD=HM		组 B:HERD=ADJHM		组 C:HERD=$H2^{qs}$	
	Crash	Non-Crash	Crash	Non-Crash	Crash	Non-Crash
HERD	0.480***	0.360***	0.185***	0.086***	1.196***	0.392***
	(8.290)	(9.770)	(7.630)	(5.670)	(10.840)	(5.800)
DISP	0.418***	0.100***	0.425***	0.106***	0.410***	0.110***
	(4.800)	(3.600)	(4.790)	(3.740)	(4.760)	(3.870)
RETURNS	8.812***	2.593***	8.895***	2.691***	8.671***	2.597***
	(15.100)	(3.220)	(15.410)	(3.180)	(15.610)	(3.180)
TURNOVER	0.002***	0.005***	0.002***	0.005***	0.002***	0.005***
	(5.790)	(16.760)	(7.150)	(17.550)	(6.070)	(16.700)
SIZE	−0.180***	−0.126***	−0.170***	−0.125***	−0.159***	−0.120***
	(−22.990)	(−20.110)	(−21.100)	(−19.520)	(−19.420)	(−18.730)
DEBT	0.466***	0.310***	0.439***	0.293***	0.497***	0.308***
	(9.170)	(7.860)	(8.660)	(7.490)	(9.790)	(7.590)

---

① 此外,为了比较在经济扩张时期和经济衰退时期基金羊群行为对于股票特质波动率的影响,笔者根据 OECD 的数据,将整个样本时间段分成经济衰退期和经济扩张期。同时,笔者分别以 HM、ADJHM 和 $H2^{qs}$ 三种指标衡量公募基金的羊群行为,并作为回归的主要解释变量的面板回归结果。由三组结果可以看出,在不同指标衡量公募基金的羊群行为下,在经济衰退和经济扩张时期公募基金的羊群行为都对于股票特质波动率具有显著的正向影响,通过对比经济衰退和经济扩张两个不同的时期,回归结果显示,LSV 羊群测度指标(HM)和 BWW 羊群度量指标(ADJHM)在经济扩张时期对股票特质波动率的影响系数要高于经济衰退时期的系数,而 FHW 羊群度量指标($H2^{qs}$)在经济扩张时期对股票特质波动率的影响系数要低于经济衰退时期的系数。

续 表

	组A：HERD=HM		组B：HERD=ADJHM		组C：HERD=H2^{qs}	
	Crash	Non-Crash	Crash	Non-Crash	Crash	Non-Crash
BM	−0.585***	−0.576***	−0.556***	−0.555***	−0.613***	−0.578***
	(−13.300)	(−16.540)	(−12.750)	(−16.000)	(−13.850)	(−16.260)
Constant	4.946***	4.197***	4.827***	4.212***	4.621***	4.128***
	(33.130)	(34.380)	(31.660)	(34.060)	(29.940)	(32.970)
Time FEs	YES	YES	YES	YES	YES	YES
Industry FEs	YES	YES	YES	YES	YES	YES
R-square	0.177	0.153	0.177	0.150	0.185	0.151
Observation	8 645	21 979	8 645	21 665	8 525	21 582

注：表格中星号表示显著性水平，*表示在10%的置信水平下显著，** 表示在5%的置信水平下显著，*** 表示在1%的置信水平下显著。括号内为 t 值，t 值采用基金个体层面聚类进行调整。

(4) 企业属性的调节作用

同样，考虑到企业属性的问题可能会影响到企业的运营进而在股票价格上体现出来，笔者认为国有企业整体来说运作体系更加稳定，相应股票价格会具有更低的波动率。笔者依据企业属性划分为国有企业（SOE）和非国有企业。在模型中，设定企业为国有企业为1（SOE=1），非国有企业为0（SOE=0）。表3-10展示了相关的研究结果。组A中使用LSV羊群指标（HM），组B中使用BWW羊群指标（ADJHM），组C中使用FHW羊群指标（H2^{qs}）作为影响股票特质波动率的主要解释变量。

在表3-10的组A中，笔者使用Lakonishok等（1992）提出的LSV羊群测度指标（HM）作为回归中的主要解释变量，研究结果表明企业属性对于股票特质风险不具有显著的影响，然而交互项的系数显著为负，说明企业属性对于股票特质风险起到的调节作用是负向的，表明企业是国有企业时，羊群行为对于国有企业的股票特质风险的影响降低，也符合了笔者之前的猜想。

在表3-10的组B中，笔者使用Brown等（2014）BWW羊群度量指标（ADJHM）作为主要的解释变量，研究结果表明企业属性对于股票特质风险不具有显著的影响，同时交互项的系数也为负，企业属性的调节作用为负向，说明国有企业的股票波动更低。

在表 3-10 的组 C 中,笔者使用 Frey 等(2014)的 FHW 羊群度量指标($H2^{qs}$)作为主要解释变量,研究结果也支持了组 A 的结果,研究发现企业属性对股票特质风险不具有显著的影响,然而交互项的系数显著为负,当企业为国有企业时,羊群行为对股票特质风险具有显著负向的影响,说明国有企业的股票特质风险更低。

表 3-10 基金羊群行为对于股票特质波动率的影响分析:企业属性

	组 A:HERD=HM		组 B:HERD=ADJHM		组 C:HERD=$H2^{qs}$	
	Model 1	Model 2	Model 3	Model 4	Model 5	Model 6
HERD	0.174***	0.272***	0.187***	0.182***	0.458***	0.509***
	(6.140)	(8.280)	(16.550)	(10.730)	(10.590)	(8.430)
HERD*SOE	−0.211***	−0.159**	−0.028	−0.071*	−0.288***	−0.457***
	(−3.250)	(−2.080)	(−1.050)	(−1.910)	(−2.930)	(−3.380)
SOE	−0.019	0.001	−0.024	−0.005	−0.025	0.001
	(−1.140)	(0.090)	(−1.520)	(−0.370)	(−1.500)	(0.040)
COVERAGE		0.249***		0.304***		0.258***
		(7.310)		(7.510)		(7.400)
RETURNS		2.246***		2.112***		2.217***
		(2.970)		(2.950)		(2.880)
TURNOVER		0.002***		0.002***		0.002***
		(9.330)		(8.610)		(8.970)
SIZE		−0.121***		−0.109***		−0.117***
		(−17.550)		(−14.600)		(−16.460)
DEBT		0.239***		0.230***		0.253***
		(7.380)		(7.060)		(7.710)
BM		−0.549***		−0.539***		−0.557***
		(−18.200)		(−17.380)		(−18.120)
Constant	2.249***	4.084***	3.040***	4.854***	2.163***	4.016***
	(33.450)	(28.840)	(33.920)	(28.540)	(27.740)	(28.020)
Time FEs	YES	YES	YES	YES	YES	YES
Industry FEs	YES	YES	YES	YES	YES	YES
R-square	0.302	0.401	0.314	0.406	0.308	0.403
Observation	39 207	23 932	36 271	22 482	37 052	23 554

注:表格中星号表示显著性水平,*表示在 10%的置信水平下显著,**表示在 5%的置信水平下显著,***表示在 1%的置信水平下显著。括号内为 t 值,t 值采用基金个体层面聚类进行调整。

综合三组分析结果可以发现,基金羊群行为指标对股票特质风险都存在显著的正向影响作用,然而当企业的属性为国有企业时,基金羊群行为对股票特质风险的正向影响降低,国有企业的股票有着更低的特质波动率。

3.2.3 稳健性检验

(1) 面板数据模型回归：不同的预测期

接下来,笔者研究了公募基金的羊群行为对未来半年以上股票特质波动率的影响。为进行该检验,在面板回归分析中笔者分别计算了接下来一年($h=2$)和接下来的一年半($h=3$)期间的被解释变量,即特质波动率,并将此与公募基金的羊群指标和控制变量进行回归。表 3-11 报告了回归结果,这些结果分析了公募基金的羊群行为对股票特质波动率的长期预测能力。

在表 3-11 的 A、B、C 三组中,笔者依然分别以 HM、ADJ HM 和 $H2^{qs}$ 三种指标衡量公募基金的羊群行为,并作为回归的主要解释变量。实证结果表明,正如预期所示,公募基金的羊群行为对特质波动率的影响会随着预测期的扩大而略有减弱,但总体上仍然是高度显著的正相关关系。这些结果表明,公募基金的羊群行为对中国股票特质波动率的影响不是短期的,事实上这种影响持续时间长达一年半。

表 3-11 基金羊群行为对股票特质波动率的影响分析：不同预测期

	组 A：HERD=HM		组 B：HERD=ADJHM		组 C：HERD=H2^{qs}	
	h=2	h=3	h=2	h=3	h=2	h=3
HERD	0.214***	0.105***	0.097***	0.054***	0.481***	0.303***
	(7.510)	(3.630)	(8.260)	(4.360)	(9.090)	(5.860)
DISP	0.253***	0.205***	0.264***	0.206***	0.262***	0.206***
	(8.150)	(6.610)	(8.280)	(6.550)	(8.340)	(6.520)
RETURNS	0.970***	0.605***	0.922***	0.562***	0.876***	0.527***
	(3.380)	(3.780)	(3.300)	(3.640)	(3.240)	(3.480)
TURNOVER	0.000 5**	0.000 2	0.001***	0.000 3	0.000 3	0.000 1
	(2.110)	(0.860)	(2.600)	(1.070)	(1.470)	(0.500)

续　表

	组 A：HERD=HM		组 B：HERD=ADJHM		组 C：HERD=H2^{qs}	
	h=2	h=3	h=2	h=3	h=2	h=3
SIZE	−0.153***	−0.160***	−0.152***	−0.159***	−0.147***	−0.155***
	(−24.550)	(−25.050)	(−24.610)	(−24.770)	(−22.810)	(−23.660)
DEBT	0.206***	0.131***	0.186***	0.120***	0.214***	0.141***
	(6.790)	(3.990)	(6.240)	(3.670)	(6.860)	(4.140)
BM	−0.423***	−0.327***	−0.397***	−0.312***	−0.432***	−0.335***
	(−16.040)	(−10.340)	(−15.030)	(−9.860)	(−16.170)	(−10.370)
Constant	5.396***	4.834***	4.705***	5.719***	5.347***	4.779***
	(40.600)	(39.740)	(39.990)	(45.440)	(38.920)	(38.360)
Time FEs	YES	YES	YES	YES	YES	YES
Industry FEs	YES	YES	YES	YES	YES	YES
R-square	0.358	0.343	0.359	0.344	0.360	0.342
Observation	29 008	27 568	28 706	27 263	28 497	27 062

注：表格中星号表示显著性水平，* 表示在10%的置信水平下显著，** 表示在5%的置信水平下显著，*** 表示在1%的置信水平下显著。括号内为 t 值，t 值采用基金个体层面聚类进行调整。

(2) 公募基金的羊群行为对股票尾部风险的影响

另一种衡量股票风险的方法是尾部风险，它被广泛用于解释股票收益。例如 Bali 和 Cakici(2004)使用股票收益5%水平的风险价值来衡量尾部风险(VaR 5%)。在本小节中，笔者根据 Bali 和 Cakici(2004)的方法对股票风险进行了估计，并考察了公募基金的羊群行为对尾部风险的影响。此外笔者还采用 Kelly 和 Jiang(2014)的方法构建尾部风险度量指标($Tail$ 5%)。与前面的分析一样，笔者在表 3-12 的组 A 中使用 LSV 羊群指标(HM)，在组 B 中使用 BWW 羊群指标($ADJHM$)，在组 C 中使用 FHW 羊群指标($H2^{qs}$)作为笔者回归分析中尾部风险的解释变量。与之前的发现类似，笔者再次发现在所有回归中公募基金的羊群行为对股票后续的尾部风险具有显著的正向影响，这一正向效应对于尾部风险的两个衡量指标(VaR 5%和 $Tail$ 5%)都是显著的，其他控制变量的影响和显著程度也与预期一致。

表 3-12　基金羊群行为对股票尾部风险的影响分析

	组 A：HERD=HM		组 B：HERD=ADJHM		组 C：HERD=H2^{qs}	
	VaR 5%	Tail 5%	VaR 5%	Tail 5%	VaR 5%	Tail 5%
HERD	0.494***	0.338***	0.255***	0.092***	0.944***	0.591***
	(9.760)	(4.730)	(11.780)	(2.850)	(10.310)	(4.890)
DISP	0.306***	0.242***	0.322***	0.256***	0.314***	0.237***
	(6.210)	(3.360)	(6.280)	(3.510)	(6.250)	(3.260)
RETURNS	2.522***	2.674***	2.354***	2.747***	2.367***	2.635***
	(3.440)	(4.180)	(3.360)	(4.130)	(3.350)	(4.100)
TURNOVER	0.014***	0.001*	0.014***	0.001**	0.014***	0.001
	(30.600)	(1.910)	(31.150)	(2.350)	(30.130)	(1.540)
SIZE	−0.226***	−0.071***	−0.222***	−0.069***	−0.215***	−0.067***
	(−18.040)	(−5.000)	(−17.700)	(−4.860)	(−16.690)	(−4.580)
DEBT	0.165***	0.072	0.129**	0.047	0.189***	0.085
	(3.080)	(1.260)	(2.450)	(0.830)	(3.420)	(1.460)
BM	−0.604***	−0.279***	−0.553***	−0.255***	−0.616***	−0.293***
	(−11.780)	(−5.090)	(−10.720)	(−4.600)	(−11.880)	(−5.290)
Constant	7.176***	4.840***	8.037***	4.140***	6.975***	4.788***
	(35.020)	(19.590)	(38.730)	(16.950)	(33.140)	(18.580)
Time FEs	YES	YES	YES	YES	YES	YES
Industry FEs	YES	YES	YES	YES	YES	YES
R-square	0.719	0.062	0.720	0.062	0.720	0.062
Observation	30 629	27 410	30 315	27 116	30 112	26 917

注：表格中星号表示显著性水平，* 表示在 10% 的置信水平下显著，** 表示在 5% 的置信水平下显著，*** 表示在 1% 的置信水平下显著。括号内为 t 值，t 值采用基金个体层面聚类进行调整。

(3) 动态面板数据回归结果

考虑到基金羊群行为与股票个体性风险可能存在双向影响而造成内生性问题，笔者使用动态面板回归模型进行分析。

在表 3-13 的组 A 中，笔者首先使用 Lakonishok 等（1992）提出的 LSV 羊群测度指标（HM）作为两个不同回归模型（有控制变量和无控制变量）的主要解释变量。笔者发现，当前半年期公募基金的羊群行为与随后半年期中国股市特质波动显著正相关。此外,每股盈余预测标准差对模型(2)中的特质波动率有显著的正向影响。在其他公司特征方面,笔者观察到换手率和财务杠杆与股票未来特质波动率均为显著正相关,而市值规模和账面市值比率则与股票未来特质波动率显著负相关。然而,这些控制变量的显著影响并没有降低公募基金的羊群行为对中国股票未来特质波动的显著积极影响。

在表3-13的组B中,笔者使用了Brown等(2014)的BWW羊群指标(*ADJHM*)作为主要解释变量,并进行与组A类似的面板回归。笔者发现在所有模型中,当期半年度公募基金的羊群行为仍然与下期半年度股票特质波动率显著正相关。同样每股盈余预测标准差也与股票未来特质波动率显著正相关,其他控制变量也再次保持其对下期特质波动率的预期影响和显著性。在模型包含这些控制变量后,公募基金的羊群行为与股票未来特质波动之间的正相关关系依然显著成立。

在表3-13的组C中,笔者使用Frey等(2014)提出的FHW羊群指标($H2^{qs}$)作为主要解释变量,同样进行类似的面板回归,发现在两个模型中,当期半年度公募基金的羊群行为仍然与下期半年度股票特质波动率显著正相关。每股盈余预测标准差也与股票未来特质波动率显著正相关,其他控制变量中,换手率和财务杠杆与股票未来特质波动率为显著正相关,累计收益、市值规模和账面市值比则与股票未来特质波动率呈显著负相关。

表3-13 基金羊群行为对股票特质波动率的影响分析:动态面板数据回归

	组A:HERD=HM		组B:HERD=ADJHM		组C:HERD=$H2^{qs}$	
	Model 1	Model 2	Model 3	Model 4	Model 5	Model 6
IVOL(-1)	6.871***	3.863*	6.665***	3.763*	11.359***	7.754***
	(3.350)	(1.920)	(3.350)	(1.950)	(12.110)	(8.490)
HERD	0.140***	0.240***	0.137***	0.192***	0.265***	0.278***
	(3.170)	(5.450)	(8.330)	(11.760)	(7.160)	(5.220)
DISP		0.241***		0.249***		0.233***
		(7.750)		(7.690)		(7.830)
RETURNS		0.679		0.157		-1.096**
		(0.650)		(0.170)		(-2.160)

续 表

	组A：HERD=HM		组B：HERD=ADJHM		组C：HERD=H2^{qs}	
	Model 1	Model 2	Model 3	Model 4	Model 5	Model 6
TURNOVER		0.002***		0.002***		0.001***
		(5.670)		(6.010)		(5.700)
SIZE		−0.124***		−0.122***		−0.119***
		(−20.770)		(−20.600)		(−20.470)
DEBT		0.253***		0.233***		0.272***
		(8.240)		(7.610)		(8.960)
BM		−0.557***		−0.520***		−0.546***
		(−20.050)		(−19.690)		(−20.400)
Constant	2.030***	4.094***	2.814***	4.914***	1.842***	3.899***
	(31.840)	(32.130)	(39.450)	(36.560)	(34.860)	(36.070)
Time FEs	NO	NO	NO	NO	NO	NO
Industry FEs	YES	YES	YES	YES	YES	YES
R-square	0.301	0.402	0.305	0.407	0.320 6	0.412
Observation	54 029	30 597	52 862	30 283	50 137	30 080

注：表格中星号表示显著性水平，* 表示在10%的置信水平下显著，** 表示在5%的置信水平下显著，*** 表示在1%的置信水平下显著。括号内为 t 值，t 值采用基金个体层面聚类进行调整。

3.3 公募基金的羊群行为对股票联动性的影响

3.3.1 公募基金的羊群行为与股票联动性的面板回归分析

股票联动性一直是金融学研究的热点。Barberis等（2005）指出了两个潜在的联动原因：无摩擦经济体中的基本面与理性投资者之间的联动，以及由于经济体中的情绪变化和摩擦、非理性投资者和套利限制而导致的联动。实证研究表明，虽然公司基本面之间的相关性部分解释了股票的联动性，但系统噪声交易作为股票联动性的一种合理的替代解释，也起着重要作用（例如 Morck 等，2000）。

对于股票联动性，Durnev 等（2001）证明了个股或者行业 R^2 值较小时。其当前收益与未来盈利的相关性越大,表明股价中体现了较多的公司特有信息,这为"股价同步性越小,股价越有效率"提供了直接证据。Jin 和 Myers(2006)对 40 个来自不同国家的股票市场做了分析,发现在落后的金融系统和较弱的公司治理的情况下,市场透明性越低,R^2 值较大,同涨同跌现象越严重。Hutton 等(2009)发现 R^2 值较大是由于股票信息的不透明性导致的。

早期的文献表明,机构交易也会导致股票收益率联动(Coval and Stafford,2007;Anton and Polk, 2014;Faias and Ferreira, 2017;Li et al., 2019)。作为机构交易的一部分,机构投资者的羊群行为也会对股票收益率联动起到一定的作用。Nofsinger 和 Sias(1999),Wermers(1999),Griffin 等(2003)提供了美国股市中显著的机构羊群行为的证据。Hudson 等(2020)确认公募基金的羊群行为在英国市场高度持续,并发现投资者情绪对英国公募基金的羊群行为的单向性。在新兴市场,Hung 等(2010)发现公募基金在中国台湾股票市场上有广泛的羊群现象。Economou 等(2015)表明,基金经理在保加利亚和黑山的股票市场上有显著的羊群行为。Hsieh(2013)发现,与中国台湾股市的个人投资者相比,机构投资者的羊群行为更强。Zheng 等(2015)调查中国股市的机构羊群行为,确认机构投资者的羊群行为具有明显的持续性。此外,Li 等(2017)的研究显示,在中国,机构投资者比个人投资者更容易从众。

在以往的文献中,有两种观点可以解释羊群行为如何随着时间的推移而演变。一种观点支持羊群行为是理性行为,另一种观点认为羊群行为实际上是一种非理性行为(Devenow and Welch, 1996)。理性观点的支持者认为理性羊群行为是基于信息的。也就是说,投资者对新信息的反应是理性的,因此羊群行为使价格向其价值靠拢。因此,由于理性的羊群行为,价格走势不太可能逆转。相反,当信息不足、风险评估不充分的投资者无视自己先前的信念,盲目跟随其他投资者的行为时,就会出现非理性羊群行为。这种基于非信息的羊群行为可能会导致市场效率低下,并导致资产价格偏离其基本价值,从而导致资产价值的错误定价(Froot et al., 1992;Hirshleifer et al., 1994;Hwang and Salmon, 2004;Hung et al., 2010)。

同样,积极管理基金的羊群行为也可以分为理性行为和非理性行为。在理性羊群行为方面,Scharfstein 和 Stein(1990)指出,能力较弱或是声誉较差的基金经理模仿能力较强的同行的交易,以提高业绩并保护他们的职业前景。

Trueman(1994)、Clement 和 Tse(2005)提供的证据表明,声誉较差的金融从业者更容易跟随声誉良好的金融从业者的行动。Devenow 和 Welch(1996)指出,在获取或处理信息的过程中,技能较低的基金经理可能会选择复制比他们更知情的同行的交易,以提取信息回报。De bondt 和 Teh(1997)发现,基金经理在教育背景和专业框架方面的相对同质性也会导致他们产生相关的交易。

在机构投资者的非理性交易方面,De Long 等(1990)从理论上证明,由于投资者盲目跟随,放弃理性分析,多个市场中的相关噪声交易者会导致过度波动和过度关联。Fenzl 和 Pelzmann(2012)指出,非理性羊群行为是由投资者心理以及投资者与其环境之间的社会互动所产生的结果。非理性羊群行为与信息级联有关,即管理者忽略他们的私人信息而跟随羊群。Barberis 等(2005)和 Greenwood(2008)将股票联动性归因于噪声交易者相关情绪导致的一些证券的未知需求冲击。DeVault 等(2013)表明,机构投资者是情绪交易者,其需求冲击将价格从其基本价值推离。

这些关于羊群行为来源的研究结果促使笔者进一步研究机构所有权变动与股票联动性之间的关系,特别是在新兴市场,股票联动性与机构羊群行为的关系尚未得到广泛研究。具体来说,据笔者所知,在中国股市这个被认为具有高度投机性的市场中,还没有研究探讨公募基金的羊群行为与股票联动性之间的关系。Eun 和 Huang(2007)引用了《华尔街日报》(2001 年 8 月 22 日)的一篇文章,将中国股市比作赌场,它由快速的资金流入和流出驱动,而没有太多投资者关注基础资产价值。Fahey 和 Chemi(2015)还报告说,中国股市 85% 的投资者(约 2 亿投资者)实际上是个人投资者,交易频率远高于其他国家的个人投资者。这些因素可能会让人首先想到,中国股市是由非理性投资行为驱动的,因此,由于这种非信息化的市场情绪,股票联动性应该上升。笔者检验了公募基金的羊群行为作为一种更为复杂的机构投资者行为,是否能够真正克服散户投资者的非理性行为,从而降低中国股市的股票联动性。

在本节中,笔者使用公募基金的羊群行为作为主要解释变量来解释股票联动性。在本节的实证分析中,笔者使用面板时间序列横截面回归设置来控制其他股票特征,回归当前半年公募基金的羊群行为的下半年股票联动性。笔者特别控制分析师数量,因为之前的研究表明,分析师信息披露与股票联动性密切相关(Hameed et al.,2015;Israelsen,2016)。继 Chan 和 Hameed(2006)之后,笔者还将公司市值规模、换手率、财务杠杆和账面市值比作为回归规范的控制变量。笔者使用以下回归模型来估计羊群行为对未来股票联动性的影响[公式(3.5)]：

$$RSQ_{i,T+1} = \beta_0 + \beta_1 HERD_{i,T} + \beta_2 COVERAGE_{i,T} + \beta_3 RETURNS_{i,T}$$
$$+ \beta_4 TURNOVER_{i,T} + \beta_5 SIZE_{i,T} + \beta_6 DEBT_{i,T}$$
$$+ \beta_7 BM_{i,T} + \theta_T + \gamma_i + \varepsilon_{i,T} \tag{3.5}$$

式中，$RSQ_{i,T+1}$是公式(3.7)中定义的半年$T+1$股票i的股票联动性测度。$HERD_{i,T}$是半年T中股票i所涉及的公募基金的羊群行为测度。笔者主要使用了三种羊群行为测度方法，分别是LSV羊群指标(HM)，Brown等(2014)的BWW羊群指标($ADJHM$)和Frey等(2014)提出的FWH羊群指标($H2^{qs}$)。$COVERAGE_{i,T}$是报告股票i在半年T中的预测每股盈余的分析师数量。$RETURNS_{i,T}$是股票i在半年T中的累计收益(非复合收益)。$TURNOVER_{i,T}$是股票i在半年T中的换手率，定义为过去六个月的月平均成交量，其中月成交量计算为一个月内交易的总股数除以流通股数。$SIZE_{i,T}$是股票i在半年T末的市值。$DEBT_{i,T}$是财务杠杆，定义为股票i在半年T末的资产负债比率。$BM_{i,T}$是股票i在半年T中的账面市值比。θ_T和γ_i分别指时间固定效应和行业固定效应。由于公募基金只在第二季度末和第四季度末才发布持股信息，所以笔者主要分析的是半年度数据而不是季度数据。

笔者还根据Barberis等(2005)的方法为每只股票生成一个股票联动性测度。为了计算每只股票的股票联动性，笔者分别对每半年的股票价值加权指数收益率(市场指数)进行回归，并每半年得出股票联动性作为回归的R^2。获得股票联动性的估计回归模型定义如下[公式(3.6)]：

$$RET_{i,t} = \alpha + \beta MKT_t + \varepsilon_{i,t} \tag{3.6}$$

式中，$RET_{i,t}$是第t天股票i的回报率，MKT_t是第t天的价值加权市场指数回报率。每六个月运行一次上述公式，每半年计算一次每只股票的R^2，然后笔者应用最后一次的logistic变换，得到股票联动性指标：

$$RSQ_{i,T} = \ln[R_{i,T}^2/(1-R_{i,T}^2)] \tag{3.7}$$

式中，$R_{i,T}^2$是股票i在半年T中的R平方，$RSQ_{i,T}$是基于Morck等(2000)的半年T中股票i的联动性。

在这一部分中,笔者利用公式(3.5)中的面板回归模型探讨公募基金的羊群行为对中国股票联动性的影响,并将这些回归结果报告在表 3-14 中。

表 3-14 基金羊群行为对股票联动性的影响分析

	组 A：HERD=HM		组 B：HERD=ADJHM		组 C：HERD=H2^{qs}	
HERD	−0.172***	−0.281***	−0.173***	−0.200***	−0.517***	−0.597***
	(−6.170)	(−9.130)	(−13.096)	(−13.522)	(−12.220)	(−11.445)
COVERAGE		−0.001*		−0.001*		−0.001**
		(−1.850)		(−1.982)		(−2.143)
RETURNS		−1.039*		−0.951*		−0.996*
		(−1.850)		(−1.873)		(−1.851)
TURNOVER		0.005***		0.005***		0.005***
		(17.420)		(17.158)		(17.746)
SIZE		0.083***		0.083***		0.073***
		(7.360)		(7.389)		(6.430)
DEBT		−0.228***		−0.209***		−0.223***
		(−6.040)		(−5.599)		(−5.875)
BM		0.938***		0.891***		0.943***
		(22.520)		(21.678)		(22.231)
Constant	−0.918***	−3.007***	−1.340***	−3.137***	−1.056***	−2.941***
	(−15.620)	(−17.100)	(−19.740)	(−17.334)	(−15.745)	(−16.323)
Time FEs	YES	YES	YES	YES	YES	YES
Industry FEs	YES	YES	YES	YES	YES	YES
R-square	0.302	0.382	0.307	0.386	0.308	0.385
Observation	55 515	37 273	54 400	36 830	51 571	36 236

注：表格中星号表示显著性水平,* 表示在 10% 的置信水平下显著,** 表示在 5% 的置信水平下显著,*** 表示在 1% 的置信水平下显著。括号内为 t 值,t 值采用基金个体层面聚类进行调整。

在表 3-14 的组 A 中笔者使用了 LSV 羊群指标(*HM*),组 B 中笔者使用 BWW 羊群指标(*ADJHM*),在组 C 中使用 FHW 羊群指标(*H2^{qs}*)。在笔者使用的所有的回归模型中,发现当期半年度公募基金的羊群行为与股票下期半年度的股票联动性显著负相关[①]。同时,实证结果表明分析师数量对股票联动性

[①] 除此之外,笔者还使用 Fama-MacBeth 方法来检验公募基金的羊群行为与未来股票联动性的关系。与面板回归的结果一致,笔者再次发现公募基金的羊群行为与股票联动性之间存在显著的负相关关系。

有显著的负面影响。这表明随着研究股票的证券分析师数量的增加，该股票会产生更好的公司特定信息，从而有助于股票价格相互背离并向其基本价值移动，从而降低股票之间的联动性水平。换言之，更多的证券分析师的出现降低了噪声水平，从而降低了中国股市的股票联动性（Chan 和 Hameed，2006）。在其他公司特征方面，笔者发现控制变量对股票联动性的影响与 Li 等（2019）的研究结果一致。例如笔者发现换手率、规模、账面市值比与未来股票联动性显著正相关；另一方面，过去六个月累积股票收益率及杠杆率与下半年股票联动性显著负相关。然而最重要的是，这些控制变量的显著性并不能减少或消除公募基金的羊群行为对股票联动性的显著负面影响。

3.3.2 分样本检验

（1）公募基金的羊群行为对不同基金持有比例的股票联动性的影响

笔者认为基金持股比例可能会对公募基金的羊群行为和股票联动性之间的关系产生影响，因为更高的基金持股比例意味着公募基金有更多的股份可交易，因此，它们的交易行为可能会对股票联动性产生更大的影响。

表 3-15 基金羊群行为对股票联动性的影响分析：不同的基金持股比例

	组 A：HERD=HM		组 B：HERD=ADJHM		组 C：HERD=H2^{qs}	
	Low IO	High IO	Low IO	High IO	Low IO	High IO
HERD	−0.224***	−0.301***	−0.099***	−0.250***	−0.466***	−0.709***
	(−4.870)	(−7.590)	(−4.200)	(−13.880)	(−6.820)	(−9.670)
COVERAGE	−0.001	−0.001*	−0.001	−0.001	−0.001	−0.001*
	(−0.400)	(−1.770)	(−0.450)	(−1.310)	(−0.510)	(−1.940)
RETURNS	−2.439***	−0.676	−2.427***	−0.593*	−2.372***	−0.663
	(−5.820)	(−1.620)	(−5.760)	(−1.680)	(−5.600)	(−1.640)
TURNOVER	0.003***	0.006***	0.003***	0.006***	0.003***	0.006***
	(6.600)	(16.300)	(6.440)	(16.260)	(6.650)	(16.620)
SIZE	0.070***	0.086***	0.073***	0.084***	0.059***	0.076***
	(3.820)	(6.010)	(3.960)	(5.800)	(3.140)	(5.270)
DEBT	−0.313***	−0.190***	−0.297***	−0.170***	−0.300***	−0.188***
	(−5.370)	(−4.150)	(−5.100)	(−3.760)	(−5.010)	(−4.140)

续 表

	组 A：HERD=HM		组 B：HERD=ADJHM		组 C：HERD=H2^{qs}	
	Low IO	High IO	Low IO	High IO	Low IO	High IO
BM	0.708***	1.025***	0.685***	0.960***	0.701***	1.031***
	(9.180)	(24.640)	(9.000)	(22.890)	(8.800)	(24.690)
Constant	−2.230***	−3.314***	−2.457***	−3.358***	−2.117***	−3.228***
	(−8.290)	(−14.560)	(−8.970)	(−14.250)	(−7.540)	(−13.900)
Time FEs	YES	YES	YES	YES	YES	YES
Industry FEs	YES	YES	YES	YES	YES	YES
R-square	0.357	0.407	0.358 3	0.413	0.358	0.411
Observation	13 247	24 026	13 120	23 710	12 559	23 677

注：表格中星号表示显著性水平，*表示在10%的置信水平下显著，**表示在5%的置信水平下显著，***表示在1%的置信水平下显著。括号内为t值，t值采用基金个体层面聚类进行调整。

为了验证这一推测，笔者每半年根据公募基金持股比例高低将股票分为两类，并将每组分别命名为低基金持股比例股票（Low IO）（后50%的持股比例）和高基金持股比例股票（High IO）（前50%的持股比例）。然后分别对这二组股票进行面板回归。在表3-15的组A中，使用LSV羊群指标（HM），在组B中，笔者使用BWW羊群指标（$ADJHM$），在组C中使用FHW羊群指标（$H2^{qs}$）。笔者发现在这两组股票中，公募基金的羊群行为与股票联动性依然均为显著负相关关系。更重要的是，这种负向关系的程度和统计意义随着公募基金持股比例的增加而增大。这一发现证实了笔者的猜测，即公募基金的羊群行为对公募基金持股比例较大的股票联动性具有更强的负面影响。此外，控制变量保持着原有的对股票联动性的影响。

（2）不同时间跨度公募基金的羊群行为对股票联动性的影响

笔者认为在2011年中国实行允许所有市场参与者交易沪深两市注册的所有股票这样的金融改革之后，公募基金的羊群行为在消除股票交易摩擦后对股票收益协同运动的影响自然会更强。为了检验这一猜想，同样地笔者将样本划分为两个子样本期：第一个样本期为2005至2011年，将其定义为部分流通期；第二个样本期为2012至2019年，将其定义为全流通期。笔者分别对这两个子样本期间的每一个样本进行面板回归。

表 3-16 基金羊群行为对股票联动性的影响分析：不同的时间跨度

	组 A：HERD=HM		组 B：HERD=ADJHM		组 C：HERD=H2^qs	
	2005—2011	2012—2019	2005—2011	2012—2019	2005—2011	2012—2019
HERD	−0.063	−0.357***	−0.156***	−0.194***	−0.214***	−0.766***
	(−1.630)	(−8.470)	(−8.507)	(−10.047)	(−3.652)	(−10.179)
COVERAGE	−0.003***	−0.0003	−0.003***	−0.000	−0.003***	−0.001
	(−3.190)	(−0.470)	(−3.215)	(−0.052)	(−3.233)	(−0.815)
RETURNS	−0.364**	−4.477***	−0.300***	−4.296***	−0.351**	−4.435***
	(−2.410)	(−9.880)	(−2.644)	(−9.516)	(−2.465)	(−9.479)
TURNOVER	0.006***	0.004***	0.006***	0.004***	0.006***	0.004***
	(13.330)	(13.610)	(13.900)	(12.981)	(13.994)	(13.917)
SIZE	0.120***	0.058***	0.131***	0.054***	0.118***	0.048***
	(8.520)	(4.140)	(9.202)	(3.893)	(8.110)	(3.432)
DEBT	−0.212***	−0.224***	−0.207***	−0.211***	−0.191***	−0.229***
	(−4.300)	(−4.680)	(−4.167)	(−4.444)	(−4.028)	(−4.783)
BM	1.048***	0.911***	0.983***	0.882***	1.058***	0.915***
	(19.650)	(17.680)	(18.302)	(17.339)	(19.411)	(17.635)
Constant	−3.611***	−2.265***	−3.883***	−2.237***	−3.688***	−2.107***
	(−16.870)	(−10.320)	(−17.728)	(−10.258)	(−16.435)	(−9.593)
Time FEs	YES	YES	YES	YES	YES	YES
Industry FEs	YES	YES	YES	YES	YES	YES
R-square	0.344	0.352	0.353	0.353	0.358	0.354
Observation	12 003	25 270	11 560	25 270	11 252	24 984

注：表格中星号表示显著性水平，* 表示在 10% 的置信水平下显著，** 表示在 5% 的置信水平下显著，*** 表示在 1% 的置信水平下显著。括号内为 t 值，t 值采用基金个体层面聚类进行调整。

在表 3-16 的组 A 中，笔者在回归中使用了 LSV 羊群指标（HM），发现两个子样本中，公募基金的羊群行为对随后的股票联动性均有负面的影响，但是在 2005 至 2011 年中，羊群行为对于随后的股票联动性的负面影响不显著（−0.063，t 统计量为 −1.630）。这与笔者的预期一致，这表明，在允许所有股票在所有市场参与者之间交易之后，公募基金的羊群行为对股票联动性产生了更大的负面影响。

在表 3-16 的组 B 中,笔者在回归中使用了 BWW 羊群指标($ADJHM$),发现在两个子样本中,公募基金的羊群行为对随后的股票联动性均有显著的负面影响;且与笔者的预期一致,相较于 2005 至 2011 年(-0.156,t 统计量为-8.507),这种影响在 2012 至 2019 年全流通期内程度更大(-0.194,t 统计量为-10.047)。这表明,在允许所有股票在所有市场参与者之间交易之后,公募基金的羊群行为对股票联动性产生了更大的负面影响。这可能是因为这些改革使得公募基金能够在其投资组合中持有更多的股份,而这反过来又大大提高了机构投资者在 2011 年之后持有的股份比例。

在表 3-16 的组 C 中,当笔者使用 FHW 羊群指标($H2^{qs}$)作为解释股票联动性的自变量之一时,发现在两个子样本期间,公募基金的羊群行为对股票联动性依然都有显著的负面影响。与笔者从组 A 中得出的结论一致,在 2012 至 2019 年全流通期内,公募基金的羊群行为对股票联动性的影响(-0.766,t 统计量为-10.179)无论是在程度上还是在显著性上,都要比 2005 至 2011 年的部分流通期(-0.214,t 统计量为-3.652)大得多。最后笔者也发现,其他控制变量(包括分析师数量)在两个子样本期间对股票联动性的预期影响仍然相同。

(3) 公募基金的羊群行为对股票联动性的影响:股票市场崩盘

考虑到由于股票市场崩盘,基金羊群行为对于未来股票联动性的影响可能不同,依据我国股票市场崩盘与否,将时间段分为股票市场崩盘时期(Crash),包括 2008 年、2009 年和 2015 年,其他时间则为非崩盘时期(Non-crash)。

在表 3-17 的组 A 中,笔者使用 Lakonishok 等(1992)提出的 LSV 羊群测度指标(HM)作为回归中的主要解释变量,LSV 羊群测度指标(HM)对于未来股票联动性在股票市场崩盘时期和非崩盘时期都具有显著的负向影响;股票市场崩盘期间的影响系数(-0.248,t 统计量为-3.420)比非崩盘期间的系数(-0.360,t 统计量为-8.790)小并且更不显著,说明股票市场的崩盘会减小公募基金的羊群行为对于联动性的影响,其原因可能在股票市场崩盘期间,其他市场因素对于股票价格起到了更大的影响,例如悲观的投资者情绪等导致大量交易者都在卖出股票,而当大量交易者都在卖出股票时,公募基金的羊群行为的影响减小。

在表 3-17 的组 B 中,笔者使用 Brown 等(2014)的 BWW 羊群度量指标($ADJHM$)作为主要的解释变量,发现 BWW 羊群度量指标($ADJHM$)对于未来股票联动性在股票市场崩盘时期和非崩盘时期都具有显著的负向影响,与非崩盘时期(-0.236,t 统计量为-13.330)相比,BWW 羊群度量指标($ADJHM$)对股票特质波动率的影响在崩盘时期(-0.070,t 统计量为-2.120)更小且不显著,与组 A 的结果相似。

在表 3-17 的组 C 中,笔者使用 Frey 等(2014)的 FHW 羊群度量指标($H2^{qs}$)作为主要解释变量。笔者同样发现 FHW 羊群度量指标($H2^{qs}$)对于未来股票联动性在两个时期都是显著负向影响,同时崩盘时期的影响系数(-0.324,t 统计量为-2.760)更小。

由三组结果可以看出,在不同指标衡量公募基金的羊群行为下,在股票市场崩盘和非崩盘时期公募基金的羊群行为都对于股票联动性产生显著的负向影响,通过对比股票市场崩盘时期和非崩盘时期,回归结果可以得出股票市场崩盘时期公募基金的羊群行为对股票联动性的系数要小于非崩盘时期。[①]

表 3-17 基金羊群行为对股票联动性的影响分析:股票市场崩盘

	组 A:HERD=HM		组 B:HERD=ADJHM		组 C:HERD=$H2^{qs}$	
	Crash	Non-Crash	Crash	Non-Crash	Crash	Non-Crash
$HERD$	-0.248***	-0.360***	-0.070**	-0.236***	-0.324***	-0.484***
	(-3.420)	(-8.790)	(-2.120)	(-13.330)	(-2.760)	(-6.960)
$COVERAGE$	-0.003***	-0.002***	-0.003***	-0.001**	-0.003***	-0.002***
	(-2.790)	(-2.630)	(-2.710)	(-2.080)	(-2.700)	(-2.800)
$RETURNS$	-2.670***	-0.396*	-2.777***	-0.340*	-2.677***	-0.387*
	(-8.890)	(-1.870)	(-9.170)	(-1.940)	(-9.030)	(-1.950)
$TURNOVER$	0.011***	0.003***	0.011***	0.002***	0.011***	0.003***
	(22.130)	(8.280)	(21.810)	(7.490)	(22.210)	(8.430)
$SIZE$	0.094***	0.040***	0.090***	0.039***	0.093***	0.039***
	(6.720)	(4.100)	(6.280)	(3.870)	(6.380)	(3.870)

---

① 此外,为了比较在经济扩张时期和经济衰退时期基金羊群行为对于未来股票联动性的影响,笔者根据 OECD 的数据,将整个样本时间段分成经济衰退期和经济扩张期。同时,笔者分别以 HM、$ADJHM$ 和 $H2^{qs}$ 三种指标衡量公募基金的羊群行为,并作为回归的主要解释变量的面板回归结果。由三组结果可以看出,在不同指标衡量公募基金的羊群行为下,在经济衰退和经济扩张时期公募基金的羊群行为都对于股票特质波动率具有显著的负向影响。

续 表

	组 A：HERD=HM		组 B：HERD=ADJHM		组 C：HERD=H2^{qs}	
	Crash	Non-Crash	Crash	Non-Crash	Crash	Non-Crash
DEBT	−0.237***	0.012	−0.224***	0.032	−0.227***	0.014
	(−3.660)	(0.310)	(−3.450)	(0.810)	(−3.420)	(0.350)
BM	0.780***	0.824***	0.766***	0.782***	0.760***	0.824***
	(13.330)	(20.050)	(13.060)	(19.290)	(12.740)	(19.680)
Constant	−2.869***	−2.334***	−2.828***	−2.334***	−2.881***	−2.353***
	(−12.240)	(−13.610)	(−11.750)	(−13.550)	(−11.740)	(−13.330)
Time FEs	YES	YES	YES	YES	YES	YES
Industry FEs	YES	YES	YES	YES	YES	YES
R-square	0.088	0.064	0.087	0.068	0.090	0.064
Observation	10 114	26 449	10 114	26 006	9 873	25 671

注：表格中星号表示显著性水平，* 表示在10%的置信水平下显著，** 表示在5%的置信水平下显著，*** 表示在1%的置信水平下显著。括号内为 t 值，t 值采用基金个体层面聚类进行调整。

3.3.3 稳健性检验

（1）不同预测期公募基金的羊群行为与股票联动性的长期关系

接下来笔者研究公募基金的羊群行为对超过半年的未来股票联动性的影响。为进行该检验，在面板回归分析中笔者分别计算了接下来一年（$h=2$）和接下来的一年半（$h=3$）期间的股票联动性，并对公募基金的羊群指标和控制变量进行回归分析。

表 3-18 基金羊群行为对股票联动性的影响分析：不同的预测期

	组 A：HERD=HM		组 B：HERD=ADJHM		组 C：HERD=H2^{qs}	
	$h=2$	$h=3$	$h=2$	$h=3$	$h=2$	$h=3$
HERD	−0.175***	−0.121***	−0.083***	−0.042***	−0.481***	−0.376***
	(−5.760)	(−3.990)	(−6.095)	(−3.060)	(−9.456)	(−7.414)

续　表

	组 A：HERD=HM		组 B：HERD=ADJHM		组 C：HERD=$H2^{qs}$	
	h=2	h=3	h=2	h=3	h=2	h=3
COVERAGE	−0.001	−0.001	−0.001	−0.001	−0.001*	−0.001
	(−1.540)	(−1.240)	(−1.563)	(−1.207)	(−1.646)	(−1.339)
RETURNS	−0.254	−0.229*	−0.241	−0.233*	−0.230	−0.196*
	(−0.850)	(−1.720)	(−0.835)	(−1.760)	(−0.803)	(−1.659)
TURNOVER	0.005***	0.005***	0.005***	0.005***	0.005***	0.005***
	(18.720)	(16.140)	(18.564)	(16.017)	(19.014)	(16.033)
SIZE	0.104***	0.120***	0.106***	0.120***	0.094***	0.110***
	(9.220)	(10.360)	(9.391)	(10.387)	(8.212)	(9.346)
DEBT	−0.150***	−0.114***	−0.136***	−0.099**	−0.149***	−0.099**
	(−4.180)	(−2.890)	(−3.806)	(−2.520)	(−4.069)	(−2.501)
BM	0.761***	0.646***	0.741***	0.632***	0.774***	0.647***
	(20.860)	(14.740)	(20.079)	(14.337)	(20.913)	(14.521)
Constant	−3.374***	−3.422***	−3.200***	−2.882***	−3.298***	−3.280***
	(−18.590)	(−18.760)	(−18.212)	(−15.834)	(−17.585)	(−17.668)
Time FEs	YES	YES	YES	YES	YES	YES
Industry FEs	YES	YES	YES	YES	YES	YES
R-square	0.415	0.414	0.420	0.417	0.417	0.417
Observation	34 594	32 881	34 165	32 448	33 583	31 878

注：表格中星号表示显著性水平，* 表示在 10% 的置信水平下显著，** 表示在 5% 的置信水平下显著，*** 表示在 1% 的置信水平下显著。括号内为 t 值，t 值采用基金个体层面聚类进行调整。

表 3-18 报告了这些回归的结果，分析了公募基金的羊群行为对股票联动性的长期预测能力。在组 A 中报告了使用 LSV 羊群指标（HM）作为公募基金的羊群行为主要衡量指标的结果；在组 B 中报告了使用 BWW 羊群指标（ADJHM）作为公募基金的羊群行为主要衡量指标的结果；在组 C 中报告了使用 FHW 羊群指标（$H2^{qs}$）作为公募基金的羊群行为的主要衡量指标的结果。研究结果显示，公募基金的羊群行为对股票联动性的影响仍然是负向的，并且在所有水平上都非常显著。这些结果表明，公募基金的羊群行为对股票联动性的影响不是短期的，其影响作用可以持续一年乃至一年半。

(2) DCC 的计算结果

为了得出稳健的股票联动性,笔者分别使用 GARCH‑CCC 模型(Bollerslev,1990)和 GARCH‑DCC 模型(Engle,2002)来刻画股票联动性。在表 3‑19 的组 A 中,笔者使用 Lakonishok 等(1992)提出的 LSV 羊群测度指标(HM)作为回归中的主要解释变量,GARCH‑CCC 的结果显示公募基金的羊群行为对股票联动性具有显著负相关(系数为 -0.099,t 统计量为 -12.810),在考虑股票联动性的动态相关性后,公募基金的羊群行为对股票联动性同样有着显著的负相关(系数为 -0.055,t 统计量为 -11.890)。

在表 3‑19 的组 B 和组 C 中,笔者分别使用 Brown 等(2014)的 BWW 羊群度量指标($ADJHM$)和 Frey 等(2014)的 FHW 羊群度量指标($H2^{qs}$)作为主要的解释变量,可以看到 BWW 羊群度量指标和 FHW 羊群度量指标对于股票联动性都有着显著的负向影响。此外可以发现,两个模型下的估计系数各自都相差不大。由三组结果可以看出,在不同指标衡量公募基金的羊群行为下对于用 GARCH‑CCC 模型和 GARCH‑DCC 模型刻画的股票联动性均具有显著的负向影响。此外在这三组回归模型中,控制变量影响作用与笔者的预期一致。

表 3‑19 基金羊群行为对股票联动性的影响分析:CCC 和 DCC 的计算结果

	组 A:HERD=HM		组 B:HERD=ADJHM		组 C:HERD=$H2^{qs}$	
	CCC‑GARCH	DCC‑GARCH	CCC‑GARCH	DCC‑GARCH	CCC‑GARCH	DCC‑GARCH
HERD	-0.099^{***}	-0.055^{***}	-0.034^{***}	-0.037^{***}	-0.099^{***}	-0.104^{***}
	(-12.810)	(-11.890)	(-16.370)	(-17.500)	(-12.810)	(-13.240)
COVERAGE	-0.0005^{***}	-0.0005^{***}	-0.0004^{***}	-0.0005^{***}	-0.0005^{***}	-0.0005^{***}
	(-5.300)	(-5.700)	(-4.700)	(-5.370)	(-5.300)	(-6.040)
RETURNS	-0.142^{**}	-0.163^{**}	-0.135^{**}	-0.148^{**}	-0.142^{**}	-0.156^{**}
	(-2.080)	(-2.020)	(-2.110)	(-2.080)	(-2.080)	(-2.050)
TURNOVER	0.001^{***}	0.001^{***}	0.001^{***}	0.001^{***}	0.001^{***}	0.001^{***}
	(17.700)	(16.500)	(16.970)	(16.140)	(17.700)	(16.880)
SIZE	0.014^{***}	0.014^{***}	0.015^{***}	0.014^{***}	0.014^{***}	0.013^{***}
	(8.310)	(8.640)	(9.320)	(8.680)	(8.310)	(7.710)
DEBT	-0.036^{***}	-0.036^{***}	-0.032^{***}	-0.033^{***}	-0.036^{***}	-0.037^{***}
	(-6.050)	(-6.300)	(-5.620)	(-5.740)	(-6.050)	(-6.220)

续 表

	组 A：HERD=HM		组 B：HERD=ADJHM		组 C：HERD=H2^{qs}	
	CCC-GARCH	DCC-GARCH	CCC-GARCH	DCC-GARCH	CCC-GARCH	DCC-GARCH
BM	0.165***	0.173***	0.156***	0.164***	0.165***	0.173***
	(24.000)	(25.310)	(23.560)	(24.520)	(24.000)	(24.930)
Constant	0.175***	0.189***	0.157***	0.173***	0.175***	0.196***
	(6.430)	(7.110)	(5.800)	(6.440)	(6.430)	(0.027)
Time FEs	YES	YES	YES	YES	YES	YES
Industry FEs	YES	YES	YES	YES	YES	YES
R-square	0.457	0.450	0.460	0.456	0.457	0.452
Observation	35 544	36 563	36 120	36 120	35 544	35 544

注：表格中星号表示显著性水平，* 表示在 10% 的置信水平下显著，** 表示在 5% 的置信水平下显著，*** 表示在 1% 的置信水平下显著。括号内为 t 值，t 值采用基金个体层面聚类进行调整。

(3) 动态面板数据模型

考虑到基金羊群行为与股票个体性风险可能存在双向影响而造成内生性问题，使用动态面板回归模型，通过系统 GMM 进行估计。实证结果如表 3-20 所示。在表 3-20 的组 A 中，笔者首先使用 Lakonishok 等（1992）提出的 LSV 羊群测度指标（HM）作为两个不同回归模型（有控制变量和无控制变量）的主要解释变量。笔者发现，当前半年期公募基金的羊群行为与随后半年期的我国股票联动性并不存在显著相关性。在公司特征方面，笔者发现换手率、规模、账面市值比与未来股票联动性显著正相关，过去六个月累积股票收益率及财务杠杆与下半年股票联动性呈显著的负相关。

在表 3-20 的组 B 中，笔者使用了 Brown 等（2014）的 BWW 羊群指标（ADJHM）作为主要解释变量，并进行同组 A 类似的回归分析。笔者发现在所有模型中，当期半年度公募基金的羊群行为仍然与下期半年度股票联动性呈显著的负相关。在公司特征方面，笔者发现换手率、规模、账面市值比与未来股票联动性显著正相关，过去六个月累积股票收益率及财务杠杆与下半年股票联动性呈现显著的负相关。模型中加入这些控制变量不能减少或消除公募基金的羊群行为对股票联动性显著的负面影响。

在表 3-20 的组 C 中,笔者使用 Frey 等(2014)提出的 FHW 羊群指标($H2^{qs}$)作为主要解释变量,同样进行类似的面板回归分析,发现在两个模型中,当期半年度公募基金的羊群行为仍然与下半年度股票联动性呈显著负相关。在其他控制变量中,换手率、企业规模、账面市值比与股票联动性为显著正相关,过去六个月累积股票收益率及财务杠杆与股票联动性呈显著负相关。

表 3-20 基金羊群行为对股票联动性的影响分析:动态面板数据模型

	组 A: HERD=HM		组 B: HERD=ADJHM		组 C: HERD=$H2^{qs}$	
	Model 1	Model 2	Model 3	Model 4	Model 5	Model 6
RSQ	0.346***	0.329***	0.343***	0.328***	0.347***	0.329***
	(43.050)	(31.920)	(42.650)	(31.790)	(42.580)	(31.540)
HERD	0.012	−0.048	−0.082***	−0.082***	−0.198***	−0.096*
	(0.440)	(−1.570)	(−5.970)	(−5.370)	(−4.780)	(−1.870)
COVERAGE		0.000 2		0.000 2		0.000 2
		(0.430)		(0.550)		(0.350)
RETURNS		−14.472***		−12.218***		−14.419***
		(−9.830)		(−8.060)		(−9.710)
TURNOVER		0.006***		0.006***		0.006***
		(26.330)		(25.990)		(26.130)
SIZE		0.082***		0.081***		0.079***
		(10.350)		(10.200)		(9.770)
DEBT		−0.182***		−0.179***		−0.178***
		(−6.380)		(−6.300)		(−6.160)
BM		0.451***		0.444***		0.453***
		(15.380)		(15.230)		(15.260)
Constant	−0.961***	−2.382***	−0.966***	−2.370***	−0.927***	−2.334***
	(−16.920)	(−17.170)	(−17.020)	(−17.110)	(−15.840)	(−16.490)
Time FEs	NO	NO	NO	NO	NO	NO
Industry FEs	YES	YES	YES	YES	YES	YES
R-square	0.389	0.454	0.389	0.454	0.392	0.455
Observation	50 570	34 132	50 570	34 132	47 395	33 293

注:表格中星号表示显著性水平,* 表示在 10% 的置信水平下显著,** 表示在 5% 的置信水平下显著,*** 表示在 1% 的置信水平下显著。括号内为 t 值,t 值采用基金个体层面聚类进行调整。

(4) 企业属性的调节作用

同样,企业属性问题可能会影响到企业整体的运作进而在股票价格上体现出来。笔者依据企业属性将样本划分为国有企业(SOE)和非国有企业。在模型中,设定企业为国有企业为1,非国有企业为0。表3-19展示了相关的研究结果。组A中使用LSV羊群指标(HM),在组B中使用BWW羊群指标($ADJHM$),在组C中使用FHW羊群指标($H2^{qs}$)作为影响股票联动性的主要解释变量。

在表3-21的组A中,笔者使用Lakonishok等(1992)提出的LSV羊群测度指标(HM)作为回归中的主要解释变量,研究结果表明企业属性对于股票联动性具有显著正向影响,同时交互项的系数显著为正,说明企业属性对于股票联动性起到的调节作用是正向的,表明企业是国有企业时,羊群行为对于国有企业的股票联动性具有正向的作用,说明国有企业的股票之间的联动性更强。

在表3-21的组B中,笔者使用Brown等(2014)BWW羊群度量指标($ADJHM$)作为主要的解释变量,研究结果表明企业属性对于股票联动性具有显著正向的影响,说明国有企业能加大股票的联动性,尽管交互项的系数为正,但在统计意义上不显著。

在表3-21的组C中,笔者使用Frey等(2014)的FHW羊群度量指标($H2^{qs}$)作为主要解释变量,研究发现企业属性对股票联动性具有显著正向影响,交互项的系数也为正。研究结果表明当企业为国有企业时,羊群行为对股票联动性具有显著正向的影响,说明国有企业会增加股票的联动性。综合三组分析结果可以发现,基金羊群行为对股票联动性都存在显著的负向影响作用,然而当企业的属性为国有企业时,基金羊群行为对于股票联动性的负向影响降低。

表 3-21 基金羊群行为对于股票联动性的影响分析:企业属性

	组 A:HERD=HM		组 B:HERD=ADJHM		组 C:HERD=H2^{qs}	
	Model 1	Model 2	Model 3	Model 4	Model 5	Model 6
HERD	−0.149***	−0.283***	−0.167***	−0.175***	−0.401***	−0.565***
	(−4.560)	(−7.930)	(−12.710)	(−10.710)	(−8.100)	(−9.390)
HERD*SOE	0.183**	0.213***	0.014	0.054	0.227**	0.444***
	(2.560)	(2.620)	(0.480)	(1.620)	(2.120)	(3.280)

续 表

	组 A：HERD=HM		组 B：HERD=ADJHM		组 C：HERD=H2^{qs}	
	Model 1	Model 2	Model 3	Model 4	Model 5	Model 6
SOE	0.057***	0.029	0.067***	0.042**	0.065***	0.033
	(2.970)	(1.420)	(3.560)	(2.240)	(3.240)	(1.600)
COVERAGE		−0.002***		−0.002***		−0.002***
		(−3.440)		(−3.300)		(−3.610)
RETURNS		−0.527*		−0.525*		−0.519*
		(−1.770)		(−1.880)		(−1.820)
TURNOVER		0.004***		0.004***		0.005***
		(15.270)		(15.280)		(15.410)
SIZE		0.085***		0.089***		0.077***
		(6.990)		(7.750)		(6.230)
DEBT		−0.172***		−0.186***		−0.176***
		(−4.020)		(−4.430)		(−4.020)
BM		0.885***		0.880***		0.889***
		(18.310)		(18.310)		(18.030)
Constant	−0.986***	−2.946***	−1.376***	−3.200***	−1.059***	−2.817***
	(−12.060)	(−14.290)	(−13.890)	(−15.230)	(−10.900)	(−13.300)
Time FEs	YES	YES	YES	YES	YES	YES
Industry FEs	YES	YES	YES	YES	YES	YES
R-square	0.397	0.457	0.406	0.465	0.399	0.458
Observation	39 207	28 066	36 271	26 322	37 052	27 366

注：表格中星号表示显著性水平，* 表示在10％的置信水平下显著，** 表示在5％的置信水平下显著，*** 表示在1％的置信水平下显著。括号内为 t 值，t 值采用基金个体层面聚类进行调整。

第 4 章
我国公募基金的羊群行为成因分析

4.1 基金特征与基金羊群行为文献综述

以往的文献对基金羊群行为的影响因素做了一些研究，主要集中在参与股票交易的基金数量、基金特征和证券市场周期性规律。在关于基金羊群行为及其影响因素的国外研究中，Lakonishok 和 Shleifer(1992)提出了 LSV 模型，研究了美国基金的羊群行为，发现股票交易规模越小的基金越容易产生羊群行为。Grinblatt 和 Titman(1995)发现羊群行为与交易股票的基金数目呈单调的正向关系。Wermers(1999)在对 LSV 模型进行了改进之后，发现在美国基金交易中，规模较小与成长性较好的股票更容易产生羊群行为。Wylie(2005)发现英国基金的交易中，羊群行为与交易股票的基金数目呈单调的正相关关系。Mohamed 等(2011)研究发现，法国基金的羊群行为会随着股票交易频率的上升而增加。Sias(1996)指出股票收益的高波动性可能会吸引机构投资者，加剧股价波动性使得基金持仓增多。

在国内研究中，陈浩(2004)使用 LSV 模型研究我国基金的羊群行为且发现基金羊群行为在小盘股中表现更为显著。吴福龙和曾勇等(2004)采用同样的方法发现我国基金羊群行为随股票流通市值的增加而增大，大盘股的羊群行为大于小盘股的羊群行为。此外，按流通股本分类的中盘股羊群行为最高，交易股票的基金数目与羊群行为正相关。赵彦志和王庆石(2005)利用 LSV 模型研究了我国基金的羊群行为，在对持有股票的基金数目进行分类研究时发现，随着参与股票交易的基金数目的增多，其羊群行为略有增加。郭伟栋等(2021)研究发现，基金公司内部公募基金产品之间存在投资策略趋同的羊群行为，比金融市场上公募基金相互模仿投资策略所表现出的羊群行为更加明显。

祁斌等(2006)利用LSV模型和Wermers(1999)的方法对我国基金的交易行为进行了实证研究,结果发现,对于流通盘较大或较小的股票的基金羊群行为更加明显,而中等流通盘股票则表现出最小的基金羊群行为。胡赫男和吴世农(2006)研究了基金羊群行为的特征及其影响因素,发现基金的羊群行为与基金盈利能力、基金与市场的相对规模等因素正相关,"熊市"中的羊群行为水平大于"牛市",且基金的羊群行为随着时间的推移没有显著改善。魏立波(2010)按股票流通市值来划分不同规模的股票,研究发现我国基金在规模偏小的股票上表现出更明显的羊群行为,同时发现基金羊群行为与参与股票交易的基金数目呈负相关关系。田存志和赵萌(2011)发现参与股票交易的基金数目的不同不会显著地影响基金羊群行为,较小规模股票和较大规模股票要比中等规模股票具有更为明显的羊群行为。汤长安和彭耿(2014)的研究表明参与股票交易的基金数量越多,基金越容易产生羊群行为,且股票交易规模越大的基金越不容易产生羊群行为。杨明高等(2019)的研究则表明,上市公司的财务因子与羊群行为呈负相关,即其对羊群行为有抑制作用,并且这种抑制作用表现较为显著。陶瑜等(2015)的研究表明,由于信息不对称和信息获取的不确定性,基金在交易中小盘股股票和市场压力大时羊群行为更为明显。蔡庆丰等(2011)的研究表明,证券分析师的评级调整会引发机构投资者的羊群行为,且分析师分歧程度越低,机构投资者的羊群行为越明显。丁乙(2018)的研究也表明分析师评级调整会影响基金羊群行为,在短期内会引起股票价格波动。朱菲菲等(2019)发现信息不对称程度、机构投资者比例、股票规模等因素会显著影响短期羊群行为程度,其中换手率与基金羊群行为呈负相关、基金持股比例与基金羊群行为呈正相关。李惠璇等(2019)认为分析师推荐和利好的盈余公告会增加超额买入羊群行为。

基于上述文献,笔者发现大多数文献是分析基金持股、企业特征、股票分析师对于基金羊群行为的影响,然而,对于股票收益率、股票特质风险和股票联动性对于基金羊群行为的影响,相关的研究较少。Kremer和Nautz(2013)认为如果基金羊群行为被过去的股票收益率驱动,则可以认为是非理性羊群行为,在实证上反馈交易行为可以由滞后的股票收益率的作用所识别。对于股票波动性对于羊群行为的影响,在一方面,股票波动性体现出的是参与者对于股票的分歧看法,另一方面,当市场上有过度波动的股票时,往往伴随着类似的市场风险,这两个因子会加强羊群行为的发生。参考这篇论文的思路,本节主要从以下这三个角度研究它们对于基金羊群行为的影响。

第一,针对股票收益率对于基金羊群行为的影响作用,笔者认为高的股票收益率会增加基金羊群行为。

第二,股票较高的特质波动率意味着较高的股票特质风险,而较大的股票风险会伴随着较高的收益率,从而加强基金羊群行为。

第三,对于股票联动性,较高的股票联动性体现的是股票信息的不充分和不对称,当股票联动性增加时会增加信息的不确定性,从而降低基金羊群行为的程度。

在数据方面,笔者收集了我国个股股票收益率、企业财务数据和分析师每股盈余预测标准差,以及公募基金的持仓数据。样本期选择从 2005 到 2019 年结束。在样本期内,我国股票的数据涉及在上海证券交易所和深圳证券交易所交易的 3 737 只股票。与以往文献一致,笔者将金融公司的股票排除在分析之外。

4.2 股票收益率对于基金羊群行为的实证分析

考虑股票个股收益率会对基金羊群行为产生影响,从而导致内生性问题,所以本节使用 VAR 格兰杰因果检验来分析股票个股收益率对基金羊群行为的因果关系。表 4-1 展示了通过 VAR 格兰杰因果检验,采用 LSV 羊群指标(组 A)、BWW 羊群指标(组 B)和 FHW 羊群指标(组 C)作为基金羊群行为的测度

表 4-1 基金羊群行为和股票收益率的格兰杰因果检验结果

	组 A: HERD=HM	组 B: HERD=ADJHM	组 C: HERD=H2^{qs}
VAR 格兰杰检验			
基金羊群行为不是股票收益率的格兰杰原因	0.000 ***	0.000 ***	0.000 ***
股票收益率不是基金羊群行为的格兰杰原因	0.042 **	0.014 **	0.004 ***

注:括号内的是统计量所对应的 P 值,格兰杰因果检验的滞后阶数由 AIC 准则选择。

时,股票收益率与他们因果关系的显著程度。组 A 中,在 LSV 的测度下,该检验拒绝股票收益率不是羊群行为的格兰杰原因的假设。在组 B 中,该检验也拒绝股票收益率不是羊群行为的格兰杰原因的假设。此外,在组 C 中,该检验同样拒绝原假设,说明股票个股收益率同基金羊群行为呈现出互为因果的作用,也表明了本节使用动态面板回归模型进行估计的必要性。

为了分析本节建立的回归模型如下所示:

$$HERD_{i,t} = \beta_0 + HERD_{i,t-1} + \beta_2 RET_{i,t} + \beta_8 DIST_{i,t} + \beta_3 NUM_{i,t}$$
$$+ \beta_5 SIZE_{i,t} + \beta_6 DEBT_{i,t} + \beta_7 BM_{i,t} + \gamma_i + \varepsilon_{i,t} \quad (4.1)$$

其中,$HERD$ 是公募基金的羊群行为,笔者使用 LSV 羊群行为指标(HM)、BWW 羊群行为指标($ADJHM$)和 FHW 羊群指标($H2^{qs}$),其 $RET_{i,t}$ 是股票 i 在半年 t 中的收益率,$DIST_{i,t}$ 是报告股票 i 在半年 t 中的一年每股盈余预测标准差。$NUM_{i,t}$ 是股票 i 在半年 t 中的基金经理数量,$TURNOVER_{i,t}$ 是股票 i 在半年 t 中的换手率,定义为过去六个月的月平均换手率,其中月换手率计算为一个月内交易的总股数除以流通股数。$SIZE_{i,t}$ 是股票 i 在半年 t 末的市值。$DEBT_{i,t}$ 是财务杠杆,定义为股票 i 在半年 t 末的资产负债比率。$BM_{i,t}$ 是股票 i 在半年 t 中的账面市值比。最后,γ_i 指的是行业固定效应。由于公募基金只在第二季度末和第四季度末才披露持仓信息,所以本节的研究频率选择为半年期。考虑到基金羊群行为与股票收益率可能存在双向影响而造成内生性问题,笔者使用动态面板回归模型,通过系统 GMM 进行估计。

实证结果如表 4-2 所示,笔者对三个羊群行为测度指标分别进行回归。在表 4-2 的组 A 中,笔者首先使用 Lakonishok 等(1992)提出的 LSV 羊群测度指标(HM)作为两个不同回归模型(有控制变量和无控制变量)的羊群行为测度指标。在模型(1)中,笔者只考虑滞后一期的基金羊群行为和当期股票收益率,实证结果表明股票收益率对于公募基金的羊群行为有着显著正向的影响,羊群行为指标滞后项的作用也是显著为正的。模型(2)中加入其他控制变量来进行研究羊群行为是否受到其他因素的影响,同时观察股票收益率是否仍然显著。通过实证结果,可以观察到股票收益率仍然对公募基金的羊群行为有着显著正向的影响。研究结果表明股票收益率确实是影响羊群行为产生的原因之一,基金经理会更愿意去选择收益好的股票,进而影响基金经理选择股票的趋同和抱团,由此导致基金羊群行为的产生。此外,可以注意到单个股票半年内基金经理数量对于公募基金的羊群行为有显著的正向影响,基金的市值对于公募基金的羊群行为有显著的负向影响,说明市值规模小的股票更容易导致公募基金的羊群行为。

表4-2 股票收益率对基金羊群行为的影响作用

	组A:HERD=HM		组B:HERD=ADJHM		组C:HERD=H2^{qs}	
	Model 1	Model 2	Model 3	Model 4	Model 5	Model 6
$HERD(-1)$	0.066***	0.035***	−0.032***	−0.012	0.043***	0.051***
	(9.830)	(3.680)	(−4.970)	(−1.150)	(4.340)	(3.970)
$RETURNS$	1.431***	1.364***	8.748***	15.642***	0.622***	0.869***
	(7.070)	(3.850)	(14.040)	(11.390)	(4.930)	(5.060)
$DISP$		0.005		−0.014		0.005*
		(0.980)		(−0.830)		(1.860)
NUM		0.023***		0.066***		0.006***
		(10.450)		(5.500)		(4.390)
$SIZE$		−0.023***		−0.116***		−0.017***
		(−4.170)		(−5.800)		(−5.810)
$DEBT$		0.001		0.076		−0.001
		(0.050)		(1.420)		(−0.130)
BM		−0.028		−0.237***		−0.004
		(−1.380)		(−2.710)		(−0.450)
Constant	0.385	0.281	0.398	0.773	0.282	0.355
	(0.960)	(0.690)	(0.390)	(0.590)	(0.780)	(1.390)
Industry FEs	YES	YES	YES	YES	YES	YES
Obs	48 844	28 364	48 141	28 076	45 377	27 673
Wald test	160.52	165.56	251.46	447.88	58.2	108.73

注:表格中星号表示显著性水平,*表示在10%的置信水平下显著,**表示在5%的置信水平下显著,***表示在1%的置信水平下显著。括号内为经由异方差进行调整的t值。

在表4-2的组B中,笔者使用Brown等(2014)的BWW羊群行为指标(ADJHM)作为两个不同回归模型(有控制变量和无控制变量)的羊群行为测度指标。同样,在模型(3)中,只考虑滞后一期的羊群行为指标和当期股票收益率,实证结果表明股票收益率对于公募基金的羊群行为有着显著正向的影响,但与模型(1)不同的是,羊群行为指标滞后一期是显著负向的影响。在模型(4)中,加入其他控制变量进行研究,结果表明股票收益率对于公募基金的羊群行为同样也是有显著的正向影响。两组结果均表明股票收益率确实是影响公募基金的羊群行为的因素之一。另外,股票在半年内的基金经理数量对公募基金的羊群行为有显著正向的影响,股票市值规模和账面市值比对公募基金的羊群行为有显著负向的影响。

表4-2的组C使用Frey等(2014)提出的FHW羊群指标($H2^{qs}$)作为两个不同回归模型(有控制变量和无控制变量)的羊群行为测度指标。在模型(5)中,只考虑羊群行为指标的滞后一期和当期股票收益率,实证结果也表明股票收益率对于公募基金的羊群行为有显著正向的影响,滞后一期也是显著正向的影响。在模型(6)中加入其他控制变量后,股票收益率对于公募基金的羊群行为仍然是显著正向的影响,与前面两组的结果一致。

由三组结果可以看出,股票收益率对于公募基金的羊群行为存在显著的正向影响,说明股票收益率是影响公募基金的羊群行为的因素之一,同时股票收益率越高,基金羊群行为越明显。这一结论和Kremer和Nautz(2013)的发现一致。

4.2.1 分样本检验

(1) 不同时间段

在2012年股权分置改革完成后,沪深两市注册的所有股票都可以进行买卖流通,笔者认为股票交易摩擦的消除会使股票收益率对于公募基金的羊群行为影响加强。为了检验这一猜想,笔者将样本划分为两个子样本期:第一个样本期为2005至2011年,将其定义为部分流通期;第二个样本期为2012至2019年,将其定义为全流通期。笔者分别对这两个子样本期间的每一个样本进行回归。实证结果如表4-3所示。

在表4-3的组A中,笔者首先使用Lakonishok等(1992)提出的LSV羊群测度指标(HM)作为羊群行为测度指标。结果表明在两个样本期内,股票收益率均对公募基金的羊群行为具有显著正向的影响,特别在全流通期(2011年之后),股票收益率的影响更加显著,t值更大(3.590),说明改革之后,沪深两市可选的股票数量增加,基金经理会更愿意选择收益好的股票。此外,在其他控制变量中,股票半年内基金经理的数量与基金羊群行为呈显著正相关,股票市值规模与之呈显著负相关。

在表 4-3 的组 B 中,笔者使用 Brown 等(2014)的 BWW 羊群行为指标($ADJHM$)。实证结果与组 A 一致,在两个样本期内,股票收益率均对公募基金的羊群行为具有显著的正向影响,同样在全流通期,股票收益率的影响更加显著(17.596,t 统计量为 9.430)。在部分流通期(2005—2011),分析师每股盈余预测标准差、股票市值规模和股票账面市值比对于公募基金的羊群行为具有显著负向的影响,在全流通期,股票半年基金经理数量对于公募基金的羊群行为具有显著正向的影响,股票市值规模、账面市值比对公募基金的羊群行为具有显著负向的影响。

表 4-3 股票收益率对基金羊群行为的影响作用:不同时间段

	组 A:HERD=HM		组 B:HERD=ADJHM		组 C:HERD=H2^{qs}	
	2005—2011	2012—2019	2005—2011	2012—2019	2005—2011	2012—2019
$HERD(-1)$	0.057***	0.028**	−0.060***	0.010	0.050	0.055***
	(3.200)	(2.350)	(−4.230)	(0.440)	(1.620)	(3.630)
$RETURNS$	1.504**	1.491***	11.650***	17.596***	0.368	1.084***
	(2.220)	(3.590)	(8.160)	(9.430)	(0.950)	(5.600)
$DISP$	0.018	−0.001	−0.068**	0.001	0.013*	0.001
	(1.290)	(−0.230)	(−2.180)	(0.040)	(1.860)	(0.340)
NUM	0.102***	0.017***	−0.019	0.070***	0.033***	0.005***
	(8.780)	(7.470)	(−0.600)	(5.030)	(5.460)	(3.040)
$SIZE$	−0.044***	−0.013*	−0.075***	−0.149***	−0.027***	−0.017***
	(−4.910)	(−1.650)	(−3.900)	(−4.450)	(−3.930)	(−4.810)
$DEBT$	0.057	−0.013	0.095	0.045	0.038*	−0.011
	(1.520)	(−0.540)	(1.040)	(0.700)	(1.930)	(−0.990)
BM	0.048*	−0.041	−0.309***	−0.277**	−0.002	−0.007
	(1.740)	(−1.410)	(−5.060)	(−2.070)	(−0.140)	(−0.580)
Constant	0.917	−0.002	5.342	−1.616	1.266	0.280
	(0.490)	(0.000)	(0.010)	(−0.300)	(0.330)	(0.470)
Industry FEs	YES	YES	YES	YES	YES	YES
Obs	8 390	19 974	8 102	19 974	7 943	19 730
Wald test	109.87	111.91	274.66	248.52	43.17	90.29

注:表格中星号表示显著性水平,* 表示在 10% 的置信水平下显著,** 表示在 5% 的置信水平下显著,*** 表示在 1% 的置信水平下显著。括号内为经由异方差进行调整的 t 值。

在表 4-3 的组 C 中,笔者使用 Frey 等(2014)提出的 FHW 羊群指标($H2^{qs}$)作为羊群行为的测度指标。结果与组 A、组 B 不同的是,在部分流通期,股票的收益率对于公募基金的羊群行为有正向的影响,但结果并不显著(t 统计量为 0.950),而在全流通期,股票收益率对于公募基金的羊群行为具有显著的正向影响,说明改革之后,股票流动性的提高推动了基金经理对于高收益率股票的选择。此外,在部分流通期内,分析师每股盈余预测标准差、股票半年基金经理数量和财务杠杆对公募基金的羊群行为在不同显著性水平下具有正向影响,股票市值规模对于公募基金的羊群行为具有显著负向影响,说明基金经理普遍会去选择高市值的股票。

由以上三组结果可以得出,在全流通期,股票收益率对于公募基金的羊群行为具有显著正向的影响,在部分流通期内,在 LSV 羊群测度指标(HM)和 BWW 羊群指标($ADJHM$)指标下,股票收益率对于公募基金的羊群行为具有显著正向的影响,笔者可以说明股票收益率是影响公募基金的羊群行为的因素之一,同时沪深股市的流通也进一步促进了公募基金的羊群行为的产生。

(2) 不同持股比例

基金持股比例可能会对股票收益率和公募基金的羊群行为之间的关系产生影响,因为更高的基金持股比例意味着公募基金有更多的股票股份可交易,从而股票收益率可能对于基金羊群行为产生不同的影响。表 4-4 是将研究样本区分为低基金持股比例样本组(Low IO)和高基金持股比例样本组(High IO),同时分别以 HM、$ADJHM$ 和 $H2^{qs}$ 三种指标衡量公募基金的羊群行为,并作为回归的主要解释变量的回归结果。

在表 4-4 的组 A 中,笔者使用 Lakonishok 等(1992)提出的 LSV 羊群测度指标(HM)作为羊群行为测度指标。实证结果表明,在不同持股比例分组下,股票收益率均对公募基金的羊群行为具有显著正向的影响,但在低持股比例下,股票收益率对于公募基金的羊群行为的影响更大也更加显著(2.131,t 统计量为 3.220)。在表 4-4 的组 B 中,笔者使用 Brown 等(2014)的 BWW 羊群指标($ADJHM$)作为羊群行为测度指标。实证结果表明,在不同持股比例分组下,股票收益率均对公募基金的羊群行为具有显著正向的影响,但与组 A 结果不同的是,高持股比例的股票收益率的系数更大且更显著(15.653,t 统计量为 11.390)。在表 4-5 的组 C 中,笔者使用 Frey 等(2014)提出的 FHW 羊群指标($H2^{qs}$)作为羊群行为测度指标。实证结果显示,在不同持股比例分组下,股票收益率均对公募基金的羊群行为具有显著正向的影响,但在低持股比例分组下,股票收益率的系数更大且更加显著(1.293,t 统计量为 3.300)。

由三组结果可以看出,在不同指标衡量公募基金的羊群行为的情况下,低基金持股比例样本组和高基金持股比例样本组中股票收益率对公募基金的羊群行为都产生正向影响作用。通过对比低基金持股比例样本组和高基金持股比例样本组结果可以看出,在 LSV 羊群测度指标和 FHW 羊群指标测度下,低基金持股比例样本组中股票收益率的回归系数相较高基金持股比例样本组的更大且显著性程度更高。在 BWW 羊群指标测度下,两者的差异不大。

表 4-4　股票收益率对基金羊群行为的影响作用:不同持股比例

	组 A:HERD=HM		组 B:HERD=ADJHM		组 C:HERD=H2^{qs}	
	Low IO	High IO	Low IO	High IO	Low IO	High IO
HERD(−1)	0.046**	0.026**	−0.068***	−0.000 4	0.040*	0.047***
	(2.530)	(2.240)	(−4.310)	(−0.030)	(1.920)	(3.060)
RETURNS	2.131***	0.959***	11.631***	15.653***	1.293***	0.565***
	(3.220)	(2.820)	(5.700)	(11.390)	(3.300)	(3.640)
DISP	0.001	0.006	−0.049	−0.005	−0.005	0.007**
	(0.070)	(1.040)	(−1.320)	(−0.260)	(−0.540)	(2.550)
NUM	0.037***	0.020***	0.048	0.077***	0.013***	0.004***
	(6.800)	(7.730)	(1.470)	(6.330)	(4.420)	(3.660)
SIZE	−0.007	−0.030***	−0.043*	−0.159***	−0.014**	−0.019***
	(−0.710)	(−5.480)	(−1.660)	(−7.540)	(−2.220)	(−6.570)
DEBT	0.006	0.017	−0.130	0.167***	0.010	−0.003
	(0.130)	(0.750)	(−1.380)	(2.700)	(0.370)	(−0.360)
BM	0.001	−0.048***	−0.062	−0.398***	0.002	−0.014**
	(0.020)	(−3.270)	(−0.760)	(−6.810)	(0.110)	(−2.090)
Constant	0.049	0.552	0.253	2.230	0.300	0.488
	(0.130)	(0.920)	(0.350)	(1.120)	(1.010)	(1.620)
Industry FEs	YES	YES	YES	YES	YES	YES
R-square	8 430	19 934	8 373	19 703	8 015	19 658
Observation	73.62	103.19	−0.068	611.75	41.52	95.97

注:表格中星号表示显著性水平,* 表示在 10% 的置信水平下显著,** 表示在 5% 的置信水平下显著,*** 表示在 1% 的置信水平下显著。括号内为经由异方差进行调整的 t 值。

4.2.2 宏观外部冲击

（1）股票市场崩盘的影响

宏观经济外部冲击有时候对于金融市场会产生十分重大的影响，本小节研究宏观外部冲击是否会导致公募基金的羊群行为的产生，并且分析公募基金的羊群行为是否因此产生变化。笔者依据我国股票市场崩盘与否，将时间段分为股票市场崩盘时期（Crash），包括 2008 年、2009 年和 2015 年，其他时间则为非崩盘时期（Non-crash），并对应产生虚拟变量：Crash＝1，Non-crash＝0。考虑到股票市场崩盘可能导致基金羊群行为的影响不同，笔者引入股票收益率和市场崩盘虚拟变量的交互项来检验股票市场崩盘冲击对于公募基金的羊群行为的影响。

在表 4-5 的组 A 中，笔者使用 Lakonishok 等（1992）提出的 LSV 羊群测度指标（HM）作为羊群行为测度指标。模型（1）中，将股票收益率和股票市场崩盘的交互项放入，没有其他控制变量，实证结果表明交互项对公募基金的羊群行为有负面的影响，但在统计意义上并不显著。在模型（2）中，笔者加入其他控制变量，实证结果同样发现交互项在统计意义上并不显著。说明股票市场崩盘并不是造成基金羊群行为的因素。

在表 4-5 的组 B 中，笔者使用 Brown 等（2014）的 BWW 羊群指标（$ADJHM$）作为羊群行为测度指标。在模型（3）和模型（4）中，实证结果可以看出交互项对于公募基金的羊群行为具有显著负向的影响，而在表 4-5 的组 C 中，使用 Frey 等（2014）提出的 FHW 羊群指标（$H2^{qs}$）作为羊群行为测度指标，实证结果显示，在模型（5）中，不考虑其他控制变量的时候，交互项在 10% 的显著性水平下显著，而加入了其他控制变量，在模型（6）中，交互项不再显著。

表 4-5 股票收益率对基金羊群行为的影响作用：股票市场崩盘

	组 A：HERD=HM		组 B：HERD=ADJHM		组 C：HERD=H2^{qs}	
	Model 1	Model 2	Model 3	Model 4	Model 5	Model 6
$HERD(-1)$	0.066***	0.035***	−0.032***	−0.010	0.043***	0.051***
	(9.810)	(3.670)	(−5.140)	(−1.020)	(4.330)	(3.940)

续 表

	组 A：HERD=HM		组 B：HERD=ADJHM		组 C：HERD=H2^{qs}	
	Model 1	Model 2	Model 3	Model 4	Model 5	Model 6
$RETURNS$	1.674***	1.271***	15.416***	29.807***	0.850***	1.100***
	(5.670)	(2.580)	(15.380)	(17.410)	(4.330)	(4.560)
$RETURNS*CRASH$	−0.476	0.163	−12.722***	−26.083***	−0.439*	−0.423
	(−1.170)	(0.300)	(−11.010)	(−15.980)	(−1.730)	(−1.530)
$DISP$		0.005		−0.013		0.005*
		(0.990)		(−0.810)		(1.850)
NUM		0.023***		0.055***		0.006***
		(10.360)		(4.700)		(4.210)
$SIZE$		−0.023***		−0.093***		−0.017***
		(−4.120)		(−4.990)		(−5.650)
$DEBT$		0.001		0.071		−0.002
		(0.050)		(1.360)		(−0.150)
BM		−0.028		−0.208***		−0.003
		(−1.360)		(−2.650)		(−0.370)
Constant		0.277		0.489		0.351
		(0.680)		(0.390)		(1.380)
Industry FEs	YES	YES	YES	YES	YES	YES
Obs	48 844	28 364	48 141	28 076	45 377	27 673
Wald test	160.93	164.47	305.99	695.96	58.95	109.31

注：表格中星号表示显著性水平，* 表示在 10% 的置信水平下显著，** 表示在 5% 的置信水平下显著，*** 表示在 1% 的置信水平下显著。括号内为经由异方差进行调整的 t 值。

由三组结果看出，在 BWW 羊群指标（$ADJHM$）测度下，股票收益率和股票市场崩盘的交互项具有显著负向的影响，而在另外两个指标测度下，并不具有显著影响，可以说明股票市场崩盘并不是造成股票收益率对基金羊群行为影响的中介变量。

（2）经济不确定性的影响

本小节将经济政策不确定性（EPU）(Baker et al.，2016)和不确定性指标（WUI）(Ahir et al.，2022)考虑在模型中，研究这两种不确定性如何影响基金羊群行为，并且分析股票收益率的影响作用如何发生变化。

表 4-6 的组 A 中使用 Lakonishok 等（1992）提出的 LSV 羊群测度指标（HM）作为羊群行为测度指标，并且在原有的模型中，分别加入了不确定性指标和经济政策不确定性指标，实证结果可以观察到，不确定性指标和经济政策不确定性对于公募基金的羊群行为有显著负向的影响，说明不确定性和经济政策不确定性越弱，公募基金的羊群行为越强。不确定性和经济政策不确定性与公募基金的羊群行为是相反的关系，不确定性和经济政策不确定性越强，公募基金经理会更偏向于选择不同的股票，而不是抱团，来对冲掉经济政策不确定性带来的风险。

在表 4-6 的组 B 和组 C 中，笔者分别使用 Brown 等（2014）的 BWW 羊群指标（$ADJHM$）和 Frey 等（2014）提出的 FHW 羊群指标（$H2^{qs}$）作为主要羊群行为测度指标。实证结果与组 A 的一致，不确定性指标和经济政策的不确定性对羊群行为具有显著的负向作用。由三组结果可知，笔者将经济不确定性考虑在内，结果表明经济不确定性对于公募基金的羊群行为具有显著的负向影响，说明基金经理们在经济不确定性高的情况下，会选择分散投资来对冲经济不确定情况下的风险。

表 4-6 股票收益率对基金羊群行为的影响作用：经济不确定性

	组 A：HERD=HM		组 B：HERD=ADJHM		组 C：HERD=H2^{qs}	
	UI=WUI	UI=EPU	UI=WUI	UI=EPU	UI=WUI	UI=EPU
$HERD(-1)$	0.041***	0.031***	−0.049***	−0.014	0.065***	0.049***
	(2.900)	(3.210)	(−4.020)	(−1.330)	(3.400)	(3.810)
$RETURNS$	0.968***	1.413***	16.602***	15.698***	0.651***	0.885***
	(2.700)	(4.210)	(11.300)	(11.550)	(3.860)	(5.270)
$DISP$	−0.003	0.005	−0.0003	−0.015	0.001	0.005*
	(−0.460)	(1.020)	(−0.010)	(−0.920)	(0.450)	(1.880)
NUM	0.0002***	0.026***	0.001***	0.071***	0.00000***	0.007***
	(8.710)	(11.700)	(13.420)	(5.680)	(4.640)	(4.880)
$SIZE$	−0.020***	−0.024***	−0.140***	−0.120***	−0.013***	−0.017***
	(−3.320)	(−4.550)	(−6.820)	(−6.190)	(−4.390)	(−6.050)
$DEBT$	0.017	0.003	0.061	0.076	0.008	−0.001
	(0.760)	(0.130)	(1.010)	(1.410)	(0.770)	(−0.100)

续　表

	组 A：HERD=HM		组 B：HERD=ADJHM		组 C：HERD=H2^{qs}	
	UI=WUI	UI=EPU	UI=WUI	UI=EPU	UI=WUI	UI=EPU
BM	−0.015	−0.014	−0.176**	−0.222**	0.004	−0.001
	(−0.780)	(−0.800)	(−2.150)	(−2.540)	(0.480)	(−0.070)
UI	−0.055***	−0.004***	−0.053	−0.007**	−0.012**	−0.001***
	(−4.710)	(−6.050)	(−1.520)	(−2.170)	(−2.100)	(−3.450)
Constant	−0.049	0.338	1.299	0.642	0.460	0.355
	(−0.090)	(0.840)	(1.130)	(0.470)	(1.750)	(1.400)
Industry FEs	YES	YES	YES	YES	YES	YES
Obs	23 401	28 364	23 074	28 076	22 487	27 673
Wald test	129.130	218.79	622.29	460.47	75.33	119.73

注：表格中星号表示显著性水平，* 表示在10%的置信水平下显著，** 表示在5%的置信水平下显著，*** 表示在1%的置信水平下显著。括号内为 t 值，t 值采用基金个体层面聚类进行调整。

（3）股权分置改革

对于我国的股票市场，股权分置改革起到了十分重大的影响。在取消了流通股和非流通股的限制后，势必会影响基金经理对于股票的选择。考虑到股权分置改革的影响，笔者将改革前期设定为 0($AFTER=0$)，改革后期设定为 1($AFTER=1$)，并用改革后期的虚拟变量乘以国有企业的虚拟变量($SOE=1$)构建股权分置改革的虚拟变量($REFORM=1$)。表 4-7 报告了相关的研究结果。组 A 中使用 LSV 羊群指标(HM)，在组 B 中使用 BWW 羊群指标($ADJHM$)，在组 C 中使用 FHW 羊群指标($H2^{qs}$)作为分析对象。

在表 4-7 的组 A 中，笔者使用 Lakonishok 等(1992)提出的 LSV 羊群测度指标(HM)作为回归中的被解释变量，研究结果表明在控制了股权分置改革的因素后，收益率对于羊群行为仍具有显著正向的影响，然而股权分置改革对于羊群行为具有显著负向的影响，说明在股权分置改革之后，羊群行为变低了是因为在市场上流通的国有股份的股票变多了。

在表 4-7 的组 B 中，笔者使用 Brown 等(2014)BWW 羊群度量指标($ADJHM$)作为被解释变量，研究结果表明在控制了股权分置改革的因素后，收益率对于羊群行为有显著正向的影响。股权分置改革对于羊群行为具有显著负向的影响，这同样说明了在股权分置改革之后,基金羊群行为变弱了。在表 4-7 的组 C 中,笔者使用 Frey 等(2014)的 FHW 羊群度量指标($H2^{qs}$)作为被解释变量,研究发现在控制了股权分置改革的因素后,收益率对于羊群行为仍具有显著正向的影响,股权分置改革对于羊群行为具有显著负向的影响,说明公募基金的羊群行为受到股权分置改革的影响,在改革之后羊群行为变弱了。

综合三组分析结果可以发现,股票收益率对基金羊群行为存在显著的正向影响,在股权分置改革之后,基金羊群行为受到了影响,羊群行为变弱。

表 4-7 股票收益率对基金羊群行为的影响作用:股权分置改革

	组 A:HERD=HM		组 B:HERD=ADJHM		组 C:HERD=$H2^{qs}$	
	Model 1	Model 2	Model 1	Model 2	Model 1	Model 2
HERD(-1)	0.055***	0.034***	-0.027***	-0.012	0.044***	0.061***
	(7.420)	(3.330)	(-3.640)	(-1.150)	(3.910)	(4.330)
RETURNS	1.301***	1.210***	8.434***	15.617***	0.583***	0.801***
	(6.220)	(3.220)	(12.230)	(10.450)	(4.580)	(4.240)
DISP		0.007		-0.027		0.005*
		(1.200)		(-1.360)		(1.800)
NUM		0.0002***		0.001***		0.0001***
		(8.930)		(12.670)		(4.740)
SIZE		-0.022***		-0.144***		-0.018***
		(-3.670)		(-6.860)		(-5.570)
DEBT		0.016		0.068		0.005
		(0.760)		(1.200)		(0.430)
BM		-0.020		-0.211**		-0.005
		(-0.970)		(-2.280)		(-0.460)
REFORM	-0.005	-0.019**	-0.046**	-0.060**	0.005	-0.005*
	(-0.760)	(-2.110)	(-2.500)	(-2.420)	(1.020)	(-1.890)
Constant	0.478	0.841*	-0.160	1.527	-0.014	0.489**
	(1.230)	(1.920)	(-0.150)	(1.070)	(-0.040)	(2.150)
Industry FEs	YES	YES	YES	YES	YES	YES
Obs	36 823	22 688	36 688	22 633	34 462	22 156
Wald test	112.1	120.38	187.67	588.69	55.99	105.48

注:表格中星号表示显著性水平,* 表示在 10% 的置信水平下显著,** 表示在 5% 的置信水平下显著,*** 表示在 1% 的置信水平下显著。括号内为经由异方差进行调整的 t 值。

4.3 股票特质波动率对于基金羊群行为的实证分析

与上节类似,考虑到股票个股特质波动率会对基金羊群行为产生影响,从而导致内生性问题,所以本节使用 VAR 格兰杰因果检验来分析股票个股特质波动率和基金羊群行为的因果关系。表 4-8 通过 VAR 格兰杰因果检验显示了组 A 和组 B 采用 LSV 与 BWW 基金羊群行为测度时,股票特质波动率与其因果关系的显著程度。组 A 中,检验结果拒绝股票特质波动率不是羊群行为的格兰杰原因的假设。而在组 B 中,该检验拒绝股票特质波动率不是羊群行为的格兰杰原因的假设。在组 C 中,该检验也拒绝股票特质波动率不是羊群行为的格兰杰原因的假设,说明股票特质波动率与基金羊群行为互为因果,也表明了本节使用动态面板回归模型进行估计的必要性。

本节建立的回归模型如下所示:

$$HERD_{i,t} = \beta_0 + HERD_{i,t-1} + \beta_2 IVOL_{i,t} + \beta_8 DIST_{i,t} + \beta_3 NUM_{i,t} + \beta_5 SIZE_{i,t} + \beta_6 DEBT_{i,t} + \beta_7 BM_{i,t} + \gamma_i + \varepsilon_{i,t} \quad (4.2)$$

其中,$HERD$ 是公募基金的羊群行为,笔者使用 LSV 羊群行为指标(HM)、BWW 羊群行为指标($ADJHM$)和 FHW 羊群指标($H2^{qs}$),其中 $IVOL_{i,t}$ 是股票 i 在半年 t 中的特质波动率。$DIST_{i,t}$ 是报告股票 i 在半年 t 中的一年每股盈余预测标准差。$NUM_{i,t}$ 是股票 i 在半年 t 中的基金经理数量,

表 4-8 基金羊群行为和股票特质波动率的格兰杰因果检验结果

	组 A: HERD=HM	组 B: HERD=ADJHM	组 C: HERD=H2^{qs}
VAR 格兰杰检验			
基金羊群行为不是特质波动率的格兰杰原因	0.000***	0.267	0.000***
特质波动率不是基金羊群行为的格兰杰原因	0.042**	0.000***	0.000***

注:括号内的是统计量所对应的 P 值,格兰杰因果检验的滞后阶数由 AIC 准则选择。

$SIZE_{i,t}$ 是股票 i 在半年 t 末的市值。$DEBT_{i,t}$ 是财务杠杆,定义为股票 i 在半年 t 末的资产负债比率。$BM_{i,t}$ 是股票 i 在半年 t 中的账面市值比。最后,γ_i 指的是行业固定效应。由于公募基金只在第二季度末和第四季度末才披露持仓信息,所以本节的研究频率选择为半年期。考虑到基金羊群行为与股票特质波动率可能存在双向影响而造成内生性问题,本节使用动态面板回归模型,通过系统GMM进行估计。

本节利用公式(4.2)中的面板数据回归模型分析股票特质波动率对于基金羊群行为的作用。为了处理股票特质风险和基金羊群行为的内生性问题,本节使用动态面板数据模型并使用系统GMM方法进行估计。在表4-9的组A中,本节首先在回归中使用LSV的指标刻画公募基金的羊群行为(HM)。在所有的回归结果中,发现我国股票特质波动率和公募基金的羊群行为呈显著的正相关,说明股票特质波动率会加大基金的羊群行为。同时,当前的半年期公募基金的羊群行为与上一个半年的股票特质波动率呈显著正相关。此外,在控制变量中,本节发现基金经理数量与羊群行为同样呈现显著的正向关系,表明交易股票的基金数量越多,越容易产生基金羊群行为;另一方面,股票的市值则与羊群行为呈现负向关系,表明市值的增大可以减少基金的羊群行为。分析师每股盈余预测标准差对于基金羊群行为有着负向影响,但是作用不显著。

在表4-9的组B中,采用Brown等(2014)的BWW羊群行为指标($ADJHM$)代替了LSV羊群行为指数(HM)并进行回归分析。结果发现在所有的模型中,股票特质波动率与公募基金的羊群行为呈现显著的正相关。同时当前的半年期公募基金的羊群行为与下一个半年的基金羊群行为呈现显著负相关。此时交易股票的基金经理数量对于羊群行为呈正相关作用但作用不显著,股票市值与账面市值比与羊群行为呈显著的负相关,分析师每股盈余预测标准差对于羊群行为呈显著的正相关作用。在组C中,本节采用Frey等(2014)提出的FHW羊群指标($H2^{qs}$)指标进行回归分析。本节发现,在所有的模型中股票特质波动率与公募基金的羊群行为呈现显著的正相关。此外,股票换手率与羊群行为同样存在显著正相关,而股票的市值规模与羊群行为存在显著负相关,基金经理数量与羊群行为呈现显著的正向关系,然后股票的账面市值比虽然存在负向的关系但不再显著,分析师每股盈余预测标准差对于羊群行为存在正相关作用。

这些结果支持了股票特质波动率会增大我国股市中的公募基金的羊群行

为,这是因为当股票的特质波动率增大时,其价格的波动性增大,市场中的投资者对于股票越容易产生更高的预期收益;但同时市场中的现有信息也无法再像股票特质波动率较低时那样准确地捕捉到范围较大的股价变化,从而使得市场中信息的有效性降低,投资者在无法捕捉到有效信息时则会更容易产生盲目跟风行为[①]。这一结论和Kremer和Nautz(2013)的发现一致。

表4-9 特质波动率对基金羊群行为的影响作用

	组A：HERD=HM		组B：HERD=ADJHM		组C：HERD=H2^{qs}	
	Model 1	Model 2	Model 3	Model 4	Model 5	Model 6
HERD(−1)	0.042***	0.032***	−0.037***	−0.025**	0.042***	0.048***
	(4.250)	(3.360)	(−5.740)	(−2.290)	(4.250)	(3.740)
IVOL	0.535***	0.998***	1.803***	3.627***	0.535***	0.576***
	(6.660)	(5.160)	(6.290)	(4.760)	(6.660)	(5.970)
DISP		0.002		−0.028		0.003
		(0.390)		(−1.570)		(1.180)
NUM		0.024***		0.074***		0.006***
		(10.860)		(6.070)		(4.510)
SIZE		−0.028***		−0.143***		−0.020***
		(−5.130)		(−5.680)		(−6.750)
DEBT		0.001		0.091		−0.002
		(0.040)		(1.570)		(−0.190)
BM		−0.034*		−0.441***		−0.009
		(−1.780)		(−3.650)		(−1.040)
Constant	0.237	0.302	0.452	1.045	0.237	0.382
	(0.670)	(0.740)	(0.450)	(0.730)	(0.670)	(1.530)
Industry FEs	YES	YES	YES	YES	YES	YES
Obs	45 365	28 362	48 128	28 074	45 365	27 672
Wald test	79.93	183.09	89.11	214.08	79.93	125.35

注：表格中星号表示显著性水平,* 表示在10%的置信水平下显著,** 表示在5%的置信水平下显著,*** 表示在1%的置信水平下显著。括号内为经由异方差进行调整的 t 值。

---

① 考虑到模型估计结果的稳健性,笔者将动态面板数据模型应变量的滞后项设置为滞后2阶和3阶并重新对模型进行估计,实证结果发现股票特质波动率和公募基金的羊群行为呈显著的正相关关系,其他控制变量对公募基金的羊群行为保持原有的影响作用,这表明股票特质波动率对于公募基金的羊群行为的正向作用非常稳健。

4.3.1 分样本检验

(1) 不同时间段

2011年,中国允许所有市场参与者交易沪深两市注册的所有股票。笔者认为在股权分置改革之后,股票的流通性增加会导致股票的特质波动率变大,这样对于公募基金的羊群行为影响会更强。为了检验这一猜想,同样地笔者将样本划分为两个子样本期:第一个样本期为2005至2011年,将其定义为部分流通期;第二个样本期为2012至2019年,将其定义为全流通期。笔者分别对这两个子样本期间的每一个样本进行回归。实证结果如表4-10所示。

在表4-10的组A中,笔者首先使用Lakonishok等(1992)提出的LSV羊群测度指标(HM)作为羊群行为测度指标。笔者发现,在部分流通期(2005—2011),股票特质波动率对公募基金的羊群行为呈现正向的影响但不显著,而在全流通期(2012—2019),股票特质波动率对公募基金的羊群行为呈显著的正相关。结果表明,改革之后,沪深股票之间的流通性使得股票特质波动率对于羊群行为的影响变得显著。此外,在其他控制变量方面,笔者发现,基金经理数量与羊群行为呈现显著的正向关系,而股票市值规模与羊群行为呈现显著的负向关系。

在表4-10的组B中,笔者使用Brown等(2014)的BWW羊群指标($ADJHM$)作为羊群行为测度指标。笔者发现,在两个样本期内,无论是部分流通期还是全流通期,股票特质波动率均对公募基金的羊群行为具有显著的正向影响,且在部分流通期,股票特质波动率的影响更加显著(6.750, t 统计量为7.330),在全流通期(2012—2019)股票特质波动率也呈现出显著相关性。在其他控制变量中,笔者发现,在部分流通期(2005—2011),盈利预测的标准差、股票的市值规模和股票账面市值比对于公募基金的羊群行为具有显著负向的影响,在全流通期(2012—2019)内,股票半年基金经理数量对于公募基金的羊群行为具有显著正向的影响,股票市值规模、账面市值比对公募基金的羊群行为具有显著负向的影响。

在表4-10的组C中,笔者使用Frey等(2014)提出的FHW羊群指标($H2^{qs}$)作为羊群行为测度指标。笔者发现,在部分流通期(2005—2011),股票特质波动率对公募基金的羊群行为呈现正向的影响但不显著,而在全流通期(2012—2019),股票特质波动率对公募基金的羊群行为呈显著的正相关,当前的半年期公募基金的羊群行为与下一个半年的公募基金的羊群行为呈现显著正相关。此外,在其他控制变量方面,笔者发现,基金经理数量与羊群行为呈现显著的正向关系,而股票市值规模与羊群行为呈现显著的负向关系。

表 4-10 特质波动率对基金羊群行为的影响作用:不同时间段

	组 A：HERD=HM		组 B：HERD=ADJHM		组 C：HERD=H2^{qs}	
	2005—2011	2012—2019	2005—2011	2012—2019	2005—2011	2012—2019
HERD(−1)	0.058***	0.023*	−0.073***	−0.003	0.049	0.049***
	(3.250)	(1.950)	(−5.160)	(−0.150)	(1.520)	(3.210)
IVOL	0.286	1.054***	6.750***	2.731***	0.213	0.673***
	(0.710)	(4.520)	(7.330)	(2.570)	(0.980)	(6.310)
DISP	0.015	−0.003	−0.102***	−0.0004	0.011*	−0.0003
	(1.110)	(−0.590)	(−3.000)	(−0.020)	(1.670)	(−0.110)
NUM	0.103***	0.018***	0.001	0.074***	0.033***	0.005***
	(8.840)	(7.840)	(0.020)	(5.410)	(5.410)	(3.030)
SIZE	−0.052***	−0.018**	−0.134***	−0.161***	−0.029***	−0.021***
	(−6.360)	(−2.520)	(−7.500)	(−4.070)	(−3.750)	(−5.960)
DEBT	0.063*	−0.014	0.138	0.048	0.039**	−0.013
	(1.660)	(−0.610)	(1.550)	(0.730)	(1.980)	(−1.160)
BM	0.006	−0.041	−0.578***	−0.466**	−0.010	−0.009
	(0.310)	(−1.470)	(−11.560)	(−2.490)	(−0.880)	(−0.810)
Constant	1.030	0.277	7.807	−0.796	1.325	0.347
	(0.540)	(0.290)	(0.010)	(−0.160)	(0.320)	(0.610)
Industry FEs	YES	YES	YES	YES	YES	YES
Obs	8 390	19 972	8 102	19 972	7 943	19 729
Wald test	107.6	128.89	284.9	125.24	43.01	113.22

注:表格中星号表示显著性水平,* 表示在 10%的置信水平下显著,** 表示在 5%的置信水平下显著,*** 表示在 1%的置信水平下显著。括号内为经由异方差进行调整的 t 值。

(2) 不同持股比例

笔者认为基金持股比例可能会对股票特质波动率和公募基金的羊群行为之间的关系产生影响,因为更高的基金持股比例意味着公募基金有更多的股份可交易,因此,它们的交易行为可能会对股票特质波动率产生更大的影响。表 4-11 是将研究样本通过基金持股比例。区分为低基金持股比例样本组(低

50%的持股比例)(Low IO)和高基金持股比例样本组(高50%的持股比例)(High IO),同时分别以LSV羊群测度指标、BWW羊群指标和FHW羊群指标三种指标衡量公募基金的羊群行为,并作为回归的主要解释变量的回归结果。

在表4-11的组A中,笔者使用Lakonishok等(1992)提出的LSV羊群测度指标(HM)作为羊群行为测度指标。笔者发现,在不同持股比例分组下,股票特质波动率均对公募基金的羊群行为具有显著正向的影响,同时当前的半年期基金羊群行为与下一个半年的基金羊群行为呈现显著正相关。相比之下,在低持股比例下的股票特质波动率比高持股比例对于公募基金的羊群行为的影响略大一点。此外,控制变量中,笔者发现在低持股比例样本内,股票基金经理数量对基金羊群行为呈现显著正相关,在高持股比例样本内,股票基金经理数量同样对羊群行为呈现显著正相关,然而股票市值规模和账面市值比对基金羊群行为呈现显著负相关。

在表4-11的组B中,笔者使用Brown等(2014)的BWW羊群指标($ADJHM$)作为羊群行为测度指标。实证结果表明,在不同持股比例分组下,股票特质波动率均对公募基金的羊群行为具有显著正向的影响。在低持股比例样本下,当前的半年期公募基金的羊群行为与下一个半年的基金羊群行为呈现显著负相关,而在高持股比例样本下,则不具有显著性。在控制变量中,笔者发现对于低持股比例样本,股票市值规模对羊群行为呈现显著负相关,对于高持股比例样本,基金经理的数量,财务杠杆对羊群行为呈现显著正相关,而股票市值规模和账面市值比对羊群行为呈现负相关。

在表4-11的组C中,笔者使用Frey等(2014)提出的FHW羊群指标($H2^{q_s}$)作为羊群行为测度指标。笔者发现,在不同持股比例分组下,股票特质波动率均对公募基金的羊群行为具有显著正向的影响,同时当前的半年期公募基金的羊群行为与下一个半年的基金羊群行为呈现显著正相关。在控制变量中,笔者发现对于低持股比例样本,基金经理的数量对羊群行为呈现显著正相关,股票市值规模对羊群行为呈现显著负相关,对于高持股比例样本,基金经理的数量,财务杠杆对羊群行为呈现显著正相关,而预测盈利标准差、股票市值规模和账面市值比对羊群行为呈现负相关。由三组结果可以看出,在不同指标衡量公募基金的羊群行为的情况下,低基金持股比例样本组和高基金持股比例样本组中股票特质波动率对公募基金的羊群行为都产生正向显著影响,其中,在低基金持股比例下,特质波动率对于基金羊群行为的影响较大。

表 4-11　特质波动率对基金羊群行为的影响作用：不同持股比例

	组 A：HERD=HM		组 B：HERD=ADJHM		组 C：HERD=H2^{qs}	
	Low IO	High IO	Low IO	High IO	Low IO	High IO
HERD(−1)	0.041**	0.022**	−0.074***	−0.015	0.036*	0.045***
	(2.300)	(1.970)	(−4.730)	(−0.990)	(1.710)	(2.900)
IVOL	1.068***	0.901***	3.461***	3.125***	0.959***	0.421***
	(2.860)	(4.530)	(3.400)	(5.340)	(4.510)	(4.520)
DISP	−0.002	0.003	−0.062	−0.020	−0.007	0.005**
	(−0.150)	(0.530)	(−1.610)	(−1.000)	(−0.870)	(2.140)
NUM	0.038***	0.020***	0.052	0.088***	0.013***	0.004***
	(6.820)	(8.050)	(1.610)	(6.840)	(4.530)	(3.780)
SIZE	−0.012	−0.033***	−0.058**	−0.196***	−0.018***	−0.021***
	(−1.250)	(−6.120)	(−2.000)	(−9.290)	(−2.890)	(−7.320)
DEBT	0.004	0.016	−0.144	0.189***	0.008	−0.004
	(0.080)	(0.730)	(−1.530)	(2.970)	(0.310)	(−0.400)
BM	−0.009	−0.048***	−0.141	−0.666***	−0.000 4	−0.018***
	(−0.320)	(−3.630)	(−1.240)	(−13.340)	(−0.030)	(−2.800)
Constant	0.152	0.491	0.228	2.905	0.357	0.455
	(0.390)	(0.850)	(0.290)	(1.320)	(1.200)	(1.550)
Industry FEs	YES	YES	YES	YES	YES	YES
R-square	8 430	19 932	8 373	19 701	8 015	19 657
Observation	72.79	119.03	62.55	370.1	55.07	103.75

注：表格中星号表示显著性水平，* 表示在 10% 的置信水平下显著，** 表示在 5% 的置信水平下显著，*** 表示在 1% 的置信水平下显著。括号内为经由异方差进行调整的 t 值。

4.3.2　宏观外部冲击

（1）股票市场崩盘风险的影响

和上小节类似，本小节研究宏观外部冲击是否会导致公募基金的羊群行为的产生，并且分析公募基金的羊群行为是否因此产生变化。本小节依据我国股票市场是否崩盘将时间段分为股票市场崩盘时期（Crash），包括 2008 年、2009 年和 2015 年，其他时间则为非崩盘时期（Non-crash），进而产生虚拟变量：

Crash=1,Non-crash=0。考虑到股票市场崩盘可能造成基金羊群行为的影响不同,笔者引入股票特质波动率和市场崩盘虚拟变量的交互项来检验股票市场崩盘冲击对于公募基金的羊群行为的影响。

在表4-12的组A中,笔者在回归中使用了LSV羊群行为指标(HM)测度基金的羊群行为,发现股票特质波动率对于基金羊群行为均呈现正相关关系,此外,当前的半年期公募基金的羊群行为与下一个半年基金羊群行为表现出显著的正相关。特质波动率与股票市场崩盘的交互项同基金羊群行为呈负相关关系,这表明市场崩盘会降低特质波动率对基金羊群行为的正向作用。同时,基金经理的数量对羊群行为表现出了显著的正向影响,而股票市值表现出了显著的负向影响,基金的羊群行为会随着股票市值增大而减小。

在表4-12的组B中,在回归分析中使用改进的羊群行为测度指标($ADJHM$)分析股票特质波动率对基金羊群行为的影响作用时,结果再次表明股票特质波动率与公募基金的羊群行为显著正相关,当前的半年期公募基金的羊群行为与下一个半年的羊群行为呈显著负相关。特质波动率与股票市场崩盘的交互项同基金羊群行为呈负相关关系,这表明市场崩盘会降低特质波动率对基金羊群行为的正向作用。此时,股票换手率对基金羊群行为产生了显著的正向影响;同时,股票市值与账面市值比依然呈现显著的负向作用,即基金的羊群行为会随着股票市值与账面价值的增大(减小)而减小(增大)。基金经理的数量都表现出了显著的正向影响,即基金的羊群行为会随着基金经理数量的增加而增大(减小)。综上所述,这些结果表明,股票特质波动率对于公募基金的羊群行为有较强的正面影响作用。

在表4-12的组C中,当笔者在回归分析中使用Frey等(2014)提出的FHW羊群指标($H2^{qs}$)分析股票特质波动率对基金羊群行为的影响作用时,结果再次表明特质波动率与公募基金的羊群行为显著正相关,且当前的半年期公募基金的羊群行为与下一个半年的基金羊群行为呈显著正相关。特质波动率与股票市场崩盘的交互项同基金羊群行为呈负相关关系,这表明在市场崩盘会降低特质波动率对基金羊群行为的正向作用。此时,股票换手率产生了显著的正向影响;同时,股票市值依然呈现显著的负向作用,即基金的羊群行为会随着股票市值与账面价值的增大(减小)而减小(增大),基金经理的数量都表现出了显著的正向影响,即基金的羊群行为会随着分析师数量的增大(减小)而增大(减小)。综上所述,这些结果表明,股票特质波动率对于公募基金的羊群行为有较强的正面影响作用,并且股票市场崩盘会降低股票特质波动率对于公募基金的羊群行为的正向作用。

表 4‑12　特质波动率对基金羊群行为的影响作用：股票市场崩盘

	组 A：HERD=HM		组 B：HERD=ADJHM		组 C：HERD=H2^{qs}	
	Model 1	Model 2	Model 3	Model 4	Model 5	Model 6
HERD(−1)	0.063***	0.031***	−0.040***	−0.036***	0.042***	0.048***
	(9.300)	(3.190)	(−6.300)	(−3.380)	(4.290)	(3.720)
IVOL	1.233***	0.364*	2.979***	9.100***	0.730***	0.514***
	(8.630)	(1.660)	(9.360)	(12.690)	(7.700)	(4.530)
IVOL*CRASH	−0.079	−0.055	−1.820***	−2.529***	−0.264***	−0.158***
	(−1.050)	(−0.520)	(−8.730)	(−7.790)	(−4.850)	(−2.570)
DISP		0.003		−0.027		0.003
		(0.470)		(−1.540)		(1.270)
NUM		0.024***		0.063***		0.006***
		(10.950)		(5.470)		(4.120)
TURNOVER		0.001***		−0.003***		0.0001***
		(5.910)		(−9.560)		(3.070)
SIZE		−0.028***		−0.137***		−0.020***
		(−5.620)		(−4.980)		(−6.850)
DEBT		−0.006		0.113*		−0.004
		(−0.310)		(1.880)		(−0.360)
BM		−0.020		−0.526***		−0.007
		(−1.180)		(−3.690)		(−0.770)
Constant	0.334	0.282	0.281	0.945	0.275	0.389
	(0.830)	(0.660)	(0.290)	(0.670)	(0.770)	(1.540)
Industry FEs	YES	YES	YES	YES	YES	YES
Obs	48 831	28 358	48 128	28 070	45 365	27 668
Wald test	208.710	235.380	163.020	425.99	94.070	147.830

注：表格中星号表示显著性水平,* 表示在 10% 的置信水平下显著,** 表示在 5% 的置信水平下显著,*** 表示在 1% 的置信水平下显著。括号内为经由异方差进行调整的 t 值。

(2) 经济不确定性的影响

经济不确定性(UI)会导致投资者对于未来资产收益和风险预期的不确定性,进而对股票市场造成冲击。笔者在模型中加入经济政策不确定性(EPU)

(Baker et al.，2016)和不确定性指标(WUI)(Ahir et al.，2022)，研究不确定性对公募基金的羊群行为的影响。

在表4-13的组A中使用Lakonishok等(1992)提出的LSV羊群测度指标(HM)作为羊群行为的测度指标。可以发现不确定性指标和经济政策不确定性对于公募基金的羊群行为有显著负向的影响，同时特质波动率与羊群行为依然为显著正相关，说明经济不确定性越弱，公募基金的羊群行为越多，经济不确定性与公募基金的羊群行为是相反的关系。在其他控制变量中，笔者发现股票基金经理数量与羊群行为呈显著正相关，股票市值规模与羊群行为呈显著负相关。

在表4-13的组B中，笔者使用Brown等(2014)的BWW羊群指标($ADJHM$)作为羊群行为测度指标。笔者发现，不确定性指标和经济政策不确定性对于公募基金的羊群行为有负向的影响但并不显著，同时，特质波动率与羊群行为依然为显著正相关。在其他控制变量中，笔者发现股票基金经理数量与羊群行为呈显著正相关，股票市值规模和账面市值比与羊群行为呈显著负相关。

在表4-13的组C中，笔者使用Frey等(2014)提出的FHW羊群指标($H2^{qs}$)作为羊群行为测度指标。实证结果与组A的一致，不确定性指标和经济政策不确定性对羊群行为具有显著的负向作用，同时，特质波动率与羊群行为依然为显著正相关。在控制变量中，笔者发现股票基金经理数量对羊群行为有显著正向的影响，财务杠杆、股票市值规模对羊群行为具有显著负向的影响。由三组结果可知，笔者将经济不确定性考虑在内，结果表明股票特质波动率对羊群行为仍然具有显著正向的影响，经济不确定性对于公募基金的羊群行为具有显著的负向影响，说明基金经理们在经济不确定性高的情况下，会选择分散投资来对冲经济不确定情况下的风险。

表4-13 特质波动率对基金羊群行为的影响作用：经济不确定性

	组A：HERD=HM		组B：HERD=ADJHM		组C：HERD=H2^{qs}	
	UI=WUI	UI=EPU	UI=WUI	UI=EPU	UI=WUI	UI=EPU
$HERD(-1)$	0.030**	0.029***	-0.063***	-0.026**	0.055***	0.047***
	(2.170)	(2.970)	(-5.350)	(-2.340)	(2.890)	(3.640)
$IVOL$	0.877***	0.904***	4.768***	3.638***	0.532***	0.559***
	(4.360)	(4.790)	(6.100)	(4.980)	(5.390)	(5.840)

续 表

	组 A：HERD=HM		组 B：HERD=ADJHM		组 C：HERD=H2^{qs}	
	UI=WUI	UI=EPU	UI=WUI	UI=EPU	UI=WUI	UI=EPU
DISP	−0.005	0.002	−0.021	−0.030*	−0.0003	0.003
	(−0.970)	(0.460)	(−1.070)	(−1.660)	(−0.120)	(1.210)
NUM	0.0002***	0.026***	0.001***	0.077***	0.0000***	0.006***
	(8.990)	(11.840)	(13.550)	(6.110)	(4.630)	(4.800)
SIZE	−0.023***	−0.028***	−0.168***	−0.146***	−0.016***	−0.020***
	(−4.150)	(−5.420)	(−6.650)	(−5.930)	(−5.410)	(−6.900)
DEBT	0.014	0.002	0.072	0.091	0.006	−0.002*
	(0.650)	(0.120)	(1.160)	(1.570)	(0.600)	(−0.170)
BM	−0.017	−0.025	−0.368***	−0.435***	0.001	−0.008
	(−0.960)	(−1.410)	(−3.210)	(−3.530)	(0.110)	(−0.860)
UI	−0.058***	−0.004***	0.045	−0.003	−0.014***	−0.001**
	(−4.990)	(−5.070)	(1.340)	(−0.930)	(−2.580)	(−2.230)
Constant	−0.040	0.351	1.557	0.994	0.500	0.383
	(−0.080)	(0.860)	(1.560)	(0.680)	(1.920)	(1.530)
Industry FEs	YES	YES	YES	YES	YES	YES
Obs	23 399	28 362	23 072	28 074	22 486	27 672
Wald test	144.03	229.22	480.82	223.76	96.82	135.01

注：表格中星号表示显著性水平，* 表示在10%的置信水平下显著，** 表示在5%的置信水平下显著，*** 表示在1%的置信水平下显著。括号内为经由异方差进行调整的 t 值。

(3) 股权分置改革

对于我国的股票市场，股权分置改革起到了十分重大的影响。在取消了流通股和非流通股的限制后，势必会影响基金经理对于股票的选择。考虑到股权分置改革的影响，笔者将改革前期设定为 0（$AFTER=0$），改革后期设定为 1（$AFTER=1$），并用改革后期的虚拟变量乘以国有企业的虚拟变量（$SOE=1$）构建股权分置改革的虚拟变量（$REFORM=1$）。表 4-14 报告了相关的研究结果。组 A 中使用 LSV 羊群指标（HM），在组 B 中使用 BWW 羊群指标（$ADJHM$），在组 C 中使用 FHW 羊群指标（$H2^{qs}$）作为分析对象。

在表 4-14 的组 A 中，笔者使用 Lakonishok 等（1992）提出的 LSV 羊群测

度指标(HM)作为回归中的被解释变量,研究结果表明在控制了股权分置改革的因素后,股票特质风险对于羊群行为仍具有显著正向的影响,然而股权分置改革对于羊群行为具有显著负向的影响,说明股权分置改革的实施降低了羊群行为的产生。

表 4-14　股票特质波动率对基金羊群行为的影响作用:股权分置改革

	组 A:HERD=HM		组 B:HERD=ADJHM		组 C:HERD=H2^{qs}	
	Model 1	Model 2	Model 3	Model 4	Model 5	Model 6
HERD(−1)	0.053***	0.032***	−0.033***	−0.023**	0.044***	0.060***
	(7.080)	(3.110)	(−4.450)	(−2.180)	(3.920)	(4.240)
IVOL	1.139***	0.991***	2.160***	4.507***	0.502***	0.589***
	(8.280)	(4.660)	(6.450)	(5.380)	(5.650)	(5.250)
DISP		0.004		−0.046**		0.003
		(0.690)		(−2.140)		(1.190)
NUM		0.0002***		0.001***		0.0001***
		(9.170)		(12.750)		(4.730)
SIZE		−0.026***		−0.177***		−0.020***
		(−4.520)		(−6.580)		(−6.480)
DEBT		0.017		0.070		0.005
		(0.780)		(1.150)		(0.440)
BM		−0.023		−0.402***		−0.009
		(−1.220)		(−3.140)		(−0.870)
REFORM	−0.002	−0.017*	−0.032*	−0.028	0.005	−0.003
	(−0.350)	(−1.900)	(−1.750)	(−1.130)	(1.220)	(−0.890)
Constant	0.443	0.885**	−0.154	1.996	−0.039	0.518**
	(1.120)	(2.030)	(−0.140)	(1.310)	(−0.110)	(2.270)
Industry FEs	YES	YES	YES	YES	YES	YES
Obs	147.31	22 686	36 677	22 631	34 452	22 155
Wald test	36 812	135.22	76.41	404.24	65.34	124.59

注:表格中星号表示显著性水平,* 表示在10%的置信水平下显著,** 表示在5%的置信水平下显著,*** 表示在1%的置信水平下显著。括号内为经由异方差进行调整的 t 值。

在表 4-14 的组 B 中,笔者使用 Brown 等(2014)的 BWW 羊群度量指标 ($ADJHM$)作为被解释变量,研究结果表明在控制了股权分置改革的因素后,股票特质风险对于羊群行为仍然呈显著正向的影响,这与组 A 类似。股权分置改革对于羊群行为具有显著负向的影响,说明在股权分置改革之后,羊群效应变弱了。

在表 4-14 的组 C 中,笔者使用 Frey 等(2014)的 FHW 羊群度量指标($H2^{qs}$)作为主要解释变量,研究发现在控制了股权分置改革的因素后,股票特质风险对于羊群行为具有显著正向的影响,股权分置改革对于羊群行为具有负向的影响,但在统计学意义上并不显著。

综合三组分析结果可以发现,股票特质风险对基金羊群行为存在显著的正向影响作用,在股权分置改革之后,股权分置改革对于基金羊群行为具有负向的影响,削弱了市场上公募基金的羊群行为的产生。

4.4 股票联动性对于基金羊群行为

表 4-15 通过 VAR 格兰杰因果检验显示了组 A 和组 B 采用 HM 与 $ADJHM$ 作为基金羊群行为的测度时,股票联动性与羊群行为因果关系的显著程度。组 A 中,在 LSV 的测度下,该检验拒绝股票联动性不是羊群行为的格兰杰原因的假设。而在组 B 中,该检验接受股票联动性不是羊群行为的格兰杰原因的假设。在组 C 中,该检验也拒绝股票联动性不是羊群行为的格兰杰原因的假设,说明股票联动性与基金羊群行为互为因果,也表明了笔者使用动态面板回归模型进行估计的必要性。

表 4-15 基金羊群行为和股票特质波动率的格兰杰因果检验结果

	组 A: HERD=HM	组 B: HERD=ADJHM	组 C: HERD=$H2^{qs}$
VAR 格兰杰检验			
基金羊群行为不是股票联动性的格兰杰原因	0.000***	0.000***	0.000***
股票联动性不是基金羊群行为的格兰杰原因	0.002***	0.404	0.011**

注:括号内的是统计量所对应的 P 值,格兰杰因果检验的滞后阶数由 AIC 准则选择。

笔者建立的回归模型如下所示：

$$HERD_{i,t} = \beta_0 + HERD_{i,t-1} + \beta_2 RSQ_{i,t} + \beta_8 DIST_{i,t} + \beta_3 NUM_{i,t}$$
$$+ \beta_4 TURNOVER_{i,t} + \beta_5 SIZE_{i,t} + \beta_6 DEBT_{i,t}$$
$$+ \beta_7 BM_{i,t} + \gamma_i + \varepsilon_{i,t} \tag{4.3}$$

其中，$HERD$ 是公募基金的羊群行为，笔者使用 LSV 羊群行为指标（HM）、BWW 羊群行为指标（$ADJHM$）和 FWH 羊群行为（$H2^{qs}$），$RSQ_{i,t}$ 是股票 i 在半年 t 中的股票联动性，$NUM_{i,t}$ 是股票 i 在半年 t 中的基金经理数量，$SIZE_{i,t}$ 是股票 i 在半年 t 末的市值。$DEBT_{i,t}$ 是财务杠杆，定义为股票 i 在半年 t 末的资产负债比率。$BM_{i,t}$ 是股票 i 在半年 t 中的账面市值比。$DIST_{i,t}$ 是报告股票 i 在半年 t 中的每股盈余预测标准差。最后，γ_i 指的是时间和行业固定效应。由于公募基金只在第二季度末和第四季度末才披露持仓信息，所以本节的研究频率选择为半年期。考虑到基金羊群行为与股票联动性可能存在双向影响而造成内生性问题，笔者使用动态面板回归模型，通过系统 GMM 进行估计。

实证结果如表 4-16 所示。笔者对三个羊群行为测度指标分别进行回归。在表 4-16 的组 A 中，笔者首先使用 Lakonishok 等（1992）提出的 LSV 羊群测度指标（HM）作为两个不同回归模型（有控制变量和无控制变量）的羊群行为测度指标。在模型（1）中，实证结果表明股票联动性对于公募基金的羊群行为有着显著负向的影响，羊群行为指标滞后项也是显著为正的。在模型（2）中，笔者加入其他控制变量来研究羊群行为是否受到其他因素的影响，同时观察股票联动性是否仍然显著。通过实证结果，笔者可以观察到股票联动性仍然对公募基金的羊群行为有着显著负向的影响。研究结果表明股票联动性确实是影响羊群行为产生的原因之一，基金经理们选择相类似的股票，导致这一类的股票价格在发生波动，与其他不被基金经理看重的股票相比联动性发生了下降。此外，笔者还可以注意到单个股票半年内基金经理数量对于公募基金的羊群行为有显著的正向影响，基金的市值规模和账面市值比对于公募基金的羊群行为有显著的负向影响，说明市值规模小的股票更易产生公募基金的羊群行为。

在表 4-16 的组 B 中，笔者使用 Brown 等（2014）的 BWW 羊群指标（$ADJHM$）作为两个回归模型（有控制变量和无控制变量）的羊群行为测度指标。同样，在模型（3）中，实证结果表明股票联动性对于公募基金的羊群行为有着显著负向的影响。在模型(4)中,加入其他控制变量进行研究,结果表明股票联动性对于公募基金的羊群行为同样也是显著负向的影响。两组结果均表明股票联动性确实是影响公募基金的羊群行为的因素之一。另外,笔者可以注意到股票在半年内的基金经理数量对公募基金的羊群行为有显著正向的影响,股票市值规模和账面市值比对于公募基金的羊群行为有显著负向的影响。

在表 4-16 的组 C 中,笔者使用 Frey 等(2014)提出的 FHW 羊群指标($H2^{qs}$)作为两个回归模型(有控制变量和无控制变量)的羊群行为测度指标。在模型(5)中,实证结果表明股票联动性对于公募基金的羊群行为有显著负向的影响,在模型(6)中,加入其他控制变量后,股票联动性对于公募基金的羊群行为仍然是显著负向的影响,与前面两组的结果一致。

表 4-16 股票联动性对基金羊群行为的影响作用

	组 A:HERD=HM		组 B:HERD=ADJHM		组 C:HERD=$H2^{qs}$	
	Model 1	Model 2	Model 3	Model 4	Model 5	Model 6
$HERD(-1)$	0.065***	0.034***	−0.036***	−0.023**	0.042***	0.051***
	(9.730)	(3.530)	(−5.670)	(−2.160)	(4.270)	(3.950)
RSQ	−0.008***	−0.007***	−0.004**	−0.015***	−0.005***	−0.004***
	(−9.120)	(−6.570)	(−1.990)	(−4.160)	(−8.920)	(−6.840)
DISP		0.005		−0.019		0.005
		(1.010)		(−1.090)		(1.860)
NUM		0.022***		0.071***		0.006***
		(10.030)		(5.900)		(4.060)
SIZE		−0.028***		−0.138***		−0.020***
		(−4.780)		(−5.000)		(−6.210)
DEBT		0.001		0.089		−0.001
		(0.050)		(1.520)		(−0.130)
BM		−0.046**		−0.487***		−0.017*
		(−2.340)		(−4.000)		(−1.720)
Constant	0.333	0.302	0.369	0.945	0.271	0.381
	(0.820)	0.720	(0.390)	(0.690)	(0.750)	(1.470)
Industry FEs	YES	YES	YES	YES	YES	YES
Obs	48 831	28 362	48 128	28 074	45 365	27 672
Wald test	191.24	176.7	60.48	111.17	114.39	128.72

注:表格中星号表示显著性水平,* 表示在 10% 的置信水平下显著,** 表示在 5% 的置信水平下显著,*** 表示在 1% 的置信水平下显著。括号内为经由异方差进行调整的 t 值。

4.4.1 分样本检验

(1) 不同时间段

和上文一样,笔者将样本划分为两个子样本期:第一个样本期为 2005 至 2011 年,笔者将其定义为部分流通期;第二个样本期为 2012 至 2019 年,笔者将其定义为全流通期。笔者分别对这两个子样本期间的每一个样本进行回归。实证结果在表 4-17 所示。

在表 4-17 的组 A 中,笔者首先使用 Lakonishok 等(1992)提出的 LSV 羊群测度指标(HM)作为羊群行为测度指标。笔者发现,在部分流通期(2005—2011),股票联动性对公募基金的羊群行为呈现负向的影响但不显著,同时当前的半年期基金羊群行为与下一个半年的基金羊群行为呈现显著正相关。而在全流通期(2012—2019),股票联动性对公募基金的羊群行为呈显著的负相关,当前的半年期公募基金的羊群行为与下一个半年的基金羊群行为呈现显著正相关。结果表明,改革之后,股票联动性对于羊群行为的影响变得显著。此外,在其他控制变量方面,笔者发现,基金经理数量与羊群行为呈现显著的正向关系,而股票市值规模与羊群行为呈现显著的负向关系。

在表 4-17 的组 B 中,笔者使用 Brown 等(2014)的 BWW 羊群指标($ADJHM$)作为羊群行为测度指标。结果表明在部分流通期(2005—2011),股票联动性对公募基金的羊群行为呈现正向的影响但不显著,在全流通期(2012—2019),股票联动性对公募基金的羊群行为呈现显著负向的关系。在部分流通期(2005—2011),当前的半年期公募基金的羊群行为与下一个半年的股票联动性呈现负相关,但在全流通期(2012—2019)并未呈现显著的负相关性。在其他控制变量中,结果表明在部分流通期(2005—2011),分析师每股盈余预测标准差、市值规模和股票账面市值比对于公募基金的羊群行为具有显著负向的影响,在全流通期(2012—2019)内,股票半年基金经理数量对于公募基金的羊群行为具有显著正向的影响,股票市值规模、账面市值比对公募基金的羊群行为具有显著负向的影响。

在表 4-17 的组 C 中,笔者使用 Frey 等(2014)提出的 FHW 羊群指标($H2^{qs}$)作为羊群行为测度指标。笔者发现,无论在部分流通期(2005—2011)还是全流通期(2012—2019),股票联动性对公募基金的羊群行为呈现显著的负向影响,但在全流通期(2012—2019)内影响更加显著(t 值为 -6.870)。在部分流通期(2005—2011),当前的半年期公募基金的羊群行为与下一个半年的股票联动性不具有显著的影响作用。而在全流通期(2012—2019),当前的半年期公募基金的羊群行为与下一个半年的股票联动性呈现显著正相关。此外,在其他控制变量方面,笔者发现,基金经理数量与羊群行为呈现显著的正向关系,而股票市值规模与基金羊群行为呈现显著的负向关系。上述这些实证结论说明股票联动性对于基金羊群行为有着显著的负向作用。

表 4-17 股票联动性对基金羊群行为的影响作用:不同时间段

	组 A:HERD=HM		组 B:HERD=ADJHM		组 C:HERD=H2^{qs}	
	2005—2011	2012—2019	2005—2011	2012—2019	2005—2011	2012—2019
HERD(−1)	0.059***	0.026**	−0.056***	−0.003	0.050	0.054***
	(3.310)	(2.140)	(−3.980)	(−0.120)	(1.500)	(3.530)
RSQ	−0.005	−0.008***	0.009	−0.020***	−0.004**	−0.004***
	(−1.450)	(−7.260)	(1.020)	(−5.170)	(−2.350)	(−6.870)
DISP	0.015	0.0005	−0.084**	0.007	0.011*	0.002
	(1.120)	(0.080)	(−2.510)	(0.350)	(1.660)	(0.730)
NUM	0.101***	0.016***	−0.022	0.071***	0.032***	0.004***
	(8.700)	(6.780)	(−0.710)	(5.240)	(5.160)	(2.610)
SIZE	−0.053***	−0.015*	−0.141***	−0.149***	−0.030***	−0.019***
	(−6.460)	(−1.800)	(−7.820)	(−3.340)	(−3.600)	(−4.530)
DEBT	0.062	−0.014	0.146	0.045	0.038*	−0.012
	(1.640)	(−0.590)	(1.600)	(0.680)	(1.940)	(−1.080)
BM	0.014	−0.058*	−0.694***	−0.502***	−0.003	−0.021
	(0.640)	(−1.940)	(−13.150)	(−2.740)	(−0.230)	(−1.500)
Constant	0.925	0.015	16.270	−1.498	1.341	0.235
	(0.490)	(0.010)	(0.020)	(−0.280)	(0.310)	(0.400)
Industry FEs	YES	YES	YES	YES	YES	YES
Obs	8 390	19 972	8 102	19 972	7 943	19 729
Wald test	107.540	128.66	230.330	97.77	47.840	95.54

注:表格中星号表示显著性水平,* 表示在 10% 的置信水平下显著,** 表示在 5% 的置信水平下显著,*** 表示在 1% 的置信水平下显著。括号内为经由异方差进行调整的 t 值。

（2）不同持股比例

基金持股比例可能会对股票联动性和公募基金的羊群行为之间的关系产生影响，因为更高的基金持股比例意味着公募基金有更多的股份可交易，因此，它们的交易行为可能会对股票联动性产生影响。表 4-18 是将研究样本区分为低基金持股比例样本组（Low IO）（后 50% 的持股比例）和高基金持股比例样本组（High IO）（前 50% 的持股比例），同时分别以 LSV 羊群测度指标（HM）、BWW 羊群指标（$ADJHM$）和 FHW 羊群指标（$H2^{qs}$）三种指标衡量公募基金的羊群行为，并作为回归的主要解释变量。

在表 4-18 的组 A 中，笔者使用 Lakonishok 等（1992）提出的 LSV 羊群测度指标（HM）作为羊群行为测度指标。笔者发现，在不同持股比例分组下，股票联动性均对公募基金的羊群行为具有显著负向的影响，同时当前的半年期公募基金的羊群行为与下一个半年的基金羊群行为呈现显著正相关。相比之下，低持股比例下的股票联动性比高持股比例下的股票联动性对于公募基金的羊群行为的影响略大一点。此外，控制变量中，笔者发现在低持股比例样本内，股票基金经理数量对羊群行为呈现显著正相关，在高持股比例样本内，股票基金经理数量对羊群行为同样呈现显著正相关，然而股票市值规模和账面市值比对羊群行为呈现显著负相关。

在表 4-18 的组 B 中，笔者使用 Brown 等（2014）的 BWW 羊群指标（$ADJHM$）作为羊群行为测度指标。实证结果表明，在不同持股比例分组下，股票联动性均对公募基金的羊群行为具有显著负向的影响。在低持股比例样本下，当前的半年期公募基金的羊群行为与下一个半年的公募基金的羊群行为呈现显著负相关，而在高持股比例样本下，则不具有显著性。在控制变量中，笔者发现对于低持股比例样本，股票市值规模对羊群行为呈现负相关，对于高持股比例样本，基金经理的数量，财务杠杆对羊群行为呈现显著正相关，而股票市值规模和账面市值比对羊群行为呈现负相关。

在表 4-18 的组 C 中，笔者使用 Frey 等（2014）提出的 FHW 羊群指标（$H2^{qs}$）作为羊群行为测度指标。笔者发现，在不同持股比例分组下，股票联动性均对公募基金的羊群行为具有显著负向的影响，同时当前的半年期公募基金的羊群行为与下一个半年的公募基金的羊群行为呈现显著正相关。在控制变量中，笔者发现对于低持股比例样本，股票基金经理数量对羊群行为呈现显著正相关，股票市值规模对羊群行为呈显著负相关；对于高持股比例样本，基金经理的数量和分析师每股盈余预测标准差对羊群行为呈现显著正相关，而股票市值规模和账面市值比对羊群行为呈现负相关。由三组结果可以看出，在不同指标衡量公募基金的羊群行为的情况下，低基金持股比例样本组和高基金持股比例样本组中股票联动性对公募基金的羊群行为都产生负向显著影响。

表 4-18　股票联动性对基金羊群行为的影响作用：不同持股比例

	组 A：HERD=HM		组 B：HERD=ADJHM		组 C：HERD=H2^{qs}	
	Low IO	High IO	Low IO	High IO	Low IO	High IO
HERD(−1)	0.042**	0.024**	−0.071***	−0.013	0.038*	0.048***
	(2.340)	(2.110)	(−4.560)	(−0.860)	(1.800)	(3.080)
RSQ	−0.010***	−0.006***	−0.013**	−0.013***	−0.006***	−0.003***
	(−4.370)	(−5.320)	(−2.220)	(−3.090)	(−4.940)	(−5.180)
DISP	−0.000 3	0.006	−0.054	−0.011	−0.005	0.007***
	(−0.020)	(1.120)	(−1.440)	(−0.570)	(−0.630)	(2.610)
NUM	0.037***	0.019***	0.050	0.085***	0.013***	0.004***
	(6.880)	(7.490)	(1.620)	(6.710)	(4.240)	(3.430)
SIZE	−0.012	−0.033***	−0.046	−0.196***	−0.017**	−0.021***
	(−1.170)	(−6.130)	(−1.450)	(−9.350)	(−2.520)	(−7.270)
DEBT	0.002	0.018	−0.145	0.196***	0.007	−0.003
	(0.040)	(0.800)	(−1.520)	(3.070)	(0.280)	(−0.280)
BM	−0.020	−0.060***	−0.177	−0.714***	−0.010	−0.024***
	(−0.630)	(−4.750)	(−1.420)	(−14.400)	(−0.590)	(−3.880)
Constant	0.182	0.536	0.087	2.813	0.353	0.462
	(0.460)	(0.880)	(0.100)	(1.290)	(1.210)	(1.540)
Industry FEs	YES	YES	YES	YES	YES	YES
R-square	8 430	19 932	8 373	19 701	8 015	19 657
Observation	86.82	118.76	46.25	368.11	56.05	113.13

注：表格中星号表示显著性水平，* 表示在 10% 的置信水平下显著，** 表示在 5% 的置信水平下显著，*** 表示在 1% 的置信水平下显著。括号内为经由异方差进行调整的 t 值。

4.4.2 宏观外部冲击

(1) 股票市场崩盘风险的影响

在股票市场崩盘情况下,股票联动性可能对基金羊群行为有不同的影响作用,笔者依据我国股票市场是否崩盘将分为股票市场崩盘时期(Crash),包括2008年、2009年和2015年,其他则为非崩盘时期(Non-crash),并对应产生虚拟变量:Crash=1,Non-crash=0。在实证模型中,笔者引入股票联动性和股票市场崩盘的交互项来检验股票市场崩盘冲击对于公募基金的羊群行为的影响。

在表4-19的组A中,笔者使用Lakonishok等(1992)提出的LSV羊群测度指标(HM)作为羊群行为测度指标。模型(1)中,笔者将股票联动性和股票市场崩盘的交互项考虑进入,没有其他控制变量,实证结果表明股票联动性对羊群行为具有显著负向的影响,交互项对公募基金的羊群行为具有负向的影响,但并不显著。在模型(2)中,在加入其他控制变量后,实证结果表明股票联动性同样对羊群行为具有显著负向的影响,交互项对于羊群行为也是具有显著负向的影响。在控制变量中,笔者发现股票基金经理数量对公募基金的羊群行为具有显著正向的影响,股票市值规模和账面市值比对公募基金的羊群行为具有显著负向的影响。

在表4-19的组B中,笔者使用Brown等(2014)的BWW羊群指标($ADJHM$)作为基金羊群行为的测度指标。在模型(3)和模型(4)中,实证结果可以看出股票联动性对于公募基金的羊群行为具有显著负向的影响,同时交互项对于公募基金的羊群行为具有显著负向的影响,在其他控制变量中,笔者发现股票基金经理数量对公募基金的羊群行为具有显著正向的影响,股票市值规模和账面市值比对公募基金的羊群行为具有显著负向的影响。

而在表4-19的组C中,笔者使用Frey等(2014)提出的FHW羊群指标($H2^{qs}$)作为羊群行为测度指标。笔者发现,在模型(5)中,不考虑其他控制变量的时候,股票联动性对于公募基金的羊群行为具有显著负向的影响,而交互项则对公募基金的羊群行为不具有显著性。在加入其他控制变量后,笔者发现股票联动性对羊群行为仍然具有显著性影响,同时在更多控制变量的情况下,交互项也对公募基金的羊群行为具有显著负向的影响。此外,笔者发现盈利预测的标准差和股票基金经理数量对公募基金的羊群行为呈现正相关,股票市值规模对公募基金的羊群行为呈现负相关。综上结果表明,股票市场崩盘会增加股票联动性对于羊群行为的负向作用。

表 4-19 股票联动性对基金羊群行为的影响作用:股票市场崩盘

	组 A:HERD=HM		组 B:HERD=ADJHM		组 C:HERD=H2^{qs}	
	Model 1	Model 2	Model 3	Model 4	Model 5	Model 6
HERD(-1)	0.065***	0.034***	-0.034***	-0.025**	0.042***	0.051***
	(9.720)	(3.540)	(-5.380)	(-2.370)	(4.270)	(3.960)
RSQ	-0.007***	-0.006***	-0.006***	-0.016***	-0.005***	-0.003***
	(-7.780)	(-5.280)	(-2.710)	(-4.510)	(-8.300)	(-5.170)
RSQ*CRASH	-0.002	-0.004**	-0.018***	-0.016***	0.001	-0.003***
	-0.990	-2.020	(-5.590)	(-3.590)	(1.490)	(-3.150)
DISP		0.005		-0.020		0.005*
		(1.000)		(-1.130)		(1.850)
NUM		0.023***		0.089***		0.006***
		(10.170)		(11.400)		(4.330)
SIZE		-0.028***		-0.150***		-0.020***
		(-4.920)		(-5.520)		(-6.430)
DEBT		0.001		0.081		-0.001
		(0.050)		(1.390)		(-0.100)
BM		-0.044**		-0.490***		-0.016
		(-2.270)		(-3.990)		(-1.640)
Constant	0.330	0.310	0.314	1.257	0.268	0.384
	(0.810)	(0.740)	(0.340)	(0.970)	(0.740)	(1.470)
Industry FEs	YES	YES	YES	YES	YES	YES
Obs	48 831	28 362	48 073	28 052	45 365	27 672
Wald test	193.26	180.55	90.30	263.89	114.33	135.76

注:表格中星号表示显著性水平,*表示在10%的置信水平下显著,**表示在5%的置信水平下显著,***表示在1%的置信水平下显著。括号内为经由异方差进行调整的 t 值。

(2)经济不确定性的影响

本小节将经济政策不确定性(EPU)(Baker et al.,2016)和不确定性指标(WUI)(Ahir et al.,2022)考虑在模型中,研究这两种不确定性如何影响基金羊群行为,并且分析股票联动性的影响作用如何发现变化。

在表 4-20 的组 A 中,笔者使用 Lakonishok 等(1992)提出的 LSV 羊群测度指标(HM)作为羊群行为测度指标。经济政策不确定性(EPU)和不确定性指标(WUI)对于基金羊群行为有显著负向的影响,同时股票联动性与羊群行为依然为显著负相关。在其他控制变量中,股票基金经理数量与羊群行为呈显著正相关,股票市值规模与账面市值比和羊群行为呈显著负相关。

在表 4-20 的组 B 中,笔者使用 Brown 等(2014)的 BWW 羊群指标($ADJHM$)作为主要羊群行为测度指标。结果同样发现经济政策不确定性和不确定性指标对于公募基金的羊群行为有负向的影响但并不显著,同时与羊群行为依然为显著负相关。在其他控制变量中,股票基金经理数量与羊群行为呈显著正相关,股票市值规模和账面市值比与羊群行为呈显著负相关。

在表 4-20 的组 C 中,笔者使用 Frey 等(2014)提出的 FHW 羊群指标($H2^{qs}$)作为主要羊群行为测度指标。实证结果与组 A 的一致,经济政策的不确定性和不确定性指数对羊群行为具有显著的负向作用。同时特质波动率与羊群行为依然为显著负相关。在控制变量中,股票基金经理数量对羊群行为有显著正向的影响,股票市值规模对羊群行为具有显著负向的影响。

由三组结果可知,笔者将经济政策不确定性和不确定性指数考虑在内,结果表明股票联动性对羊群行为仍然具有显著负向的影响,经济不确定性对于公募基金的羊群行为具有显著的负向影响,说明基金经理们在经济不确定性高的情况下,会选择分散投资来对冲经济不确定情况下的风险。

表 4-20 股票联动性对基金羊群行为的影响作用:经济不确定性

	组 A: HERD=HM		组 B: HERD=ADJHM		组 C: HERD=H2^{qs}	
	UI=WUI	UI=EPU	UI=WUI	UI=EPU	UI=WUI	UI=EPU
$HERD(-1)$	0.041***	0.030***	−0.059***	−0.024**	0.064***	0.050***
	(2.900)	(3.160)	(−5.050)	(−2.210)	(3.320)	(3.850)
RSQ	−0.007***	−0.006***	−0.017***	−0.015***	−0.003***	−0.004***
	(−6.080)	(−5.660)	(−4.790)	(−4.420)	(−6.040)	(−6.570)

续 表

	组 A: HERD=HM		组 B: HERD=ADJHM		组 C: HERD=$H2^{qs}$	
	UI=WUI	UI=EPU	UI=WUI	UI=EPU	UI=WUI	UI=EPU
DISP	−0.002	0.005	−0.008	−0.021	0.001	0.005*
	(−0.350)	(1.010)	(−0.400)	(−1.190)	(0.570)	(1.860)
NUM	0.000 2***	0.025***	0.001***	0.073***	0.000 0***	0.006***
	(8.380)	(11.110)	(12.230)	(5.990)	(4.180)	(4.300)
SIZE	−0.022***	−0.028***	−0.160***	−0.141***	−0.014***	−0.020***
	(−3.730)	(−5.050)	(−5.530)	(−5.250)	(−4.690)	(−6.360)
DEBT	0.017	0.003	0.071	0.089	0.007	−0.001
	(0.750)	(0.130)	(1.120)	(1.520)	(0.730)	(−0.110)
BM	−0.025	−0.037*	−0.432***	−0.483***	−0.005	−0.015
	(−1.380)	(−1.970)	(−3.580)	(−3.850)	(−0.540)	(−1.550)
UI	−0.061***	−0.003***	0.051	−0.003	−0.014***	−0.001*
	(−5.230)	(−4.470)	(1.510)	(−0.860)	(−2.630)	(−1.850)
Constant	−0.045	0.346	1.458	0.901	0.459*	0.382
	(−0.090)	(0.830)	(1.440)	(0.640)	(1.790)	(1.470)
Industry FEs	YES	YES	YES	YES	YES	YES
Obs	23 399	28 362	23 072	28 074	22 486	27 672
Wald test	154.52	220.24	278.58	125.76	109.69	135.59

注：表格中星号表示显著性水平，*表示在10%的置信水平下显著，**表示在5%的置信水平下显著，***表示在1%的置信水平下显著。括号内为经由异方差进行调整的 t 值。

(3) 股权分置改革的影响

股权分置改革取消了流通股和非流通股之间的限制，考虑到股权分置改革必然会影响到股票之间的联动性，笔者将改革前期设定为 0($AFTER=0$)，改革后期设定为 1($AFTER=1$)，并用改革后期的虚拟变量乘以国有企业的虚拟变量($SOE=1$)构建股权分置改革的虚拟变量($REFORM=1$)。表 4-21 报告了相关的研究结果。组 A 中使用 LSV 羊群指标(HM)，在组 B 中使用 BWW 羊群指标($ADJHM$)，在组 C 中使用 FHW 羊群指标($H2^{qs}$)作为分析对象。

在表 4-21 的组 A 中，笔者使用 Lakonishok 等(1992)提出的 LSV 羊群测度指标(HM)作为回归中的被解释变量，研究结果表明在控制了股权分置改革的因素后,股票联动性对于羊群行为仍具有显著负向的影响,股权分置改革对于羊群行为也具有显著负向的影响,说明股权分置改革的实施降低了羊群行为的产生。

在表4-21的组B中,笔者使用Brown等(2014)提出的BWW羊群度量指标($ADJHM$)作为主要的解释变量,研究结果表明在控制了股权分置改革的因素后,股票联动性对于羊群行为显著负向的影响。股权分置改革对于羊群行为具有显著负向的影响,说明在股权分置改革之后,羊群行为降低了。

在表4-21的组C中,笔者使用Frey等(2014)的FHW羊群度量指标($H2^{qs}$)作为主要解释变量,研究发现在控制了股权分置改革的因素后,股票联动性对于羊群行为同样具有显著负向的影响,股权分置改革对于羊群行为具有负向的影响,但在统计学意义上并不显著。

综合三组分析结果可以发现,股票联动性对基金羊群行为存在显著的负向影响,在股权分置改革之后,股权分置改革对于基金羊群行为具有负向的影响,说明国有股份流通数量增加了,也削弱了市场上公募基金的羊群行为的产生。

表4-21 股票联动性对基金羊群行为的影响作用:股权分置改革

	组A:HERD=HM		组B:HERD=ADJHM		组C:HERD=$H2^{qs}$	
	Model 1	Model 2	Model 1	Model 2	Model 1	Model 2
$HERD(-1)$	0.055***	0.033***	−0.032***	−0.020*	0.044***	0.062***
	(7.450)	(3.270)	(−4.370)	(−1.860)	(3.920)	(4.350)
RSQ	−0.008***	−0.006***	−0.008***	−0.016***	−0.005***	−0.004***
	(−9.290)	(−5.690)	(−3.130)	(−4.170)	(−8.680)	(−6.640)
$DISP$		0.007		−0.035*		0.005*
		(1.190)		(−1.680)		(1.750)
NUM		0.0002***		0.001***		0.00005***
		(8.400)		(11.680)		(4.160)
$SIZE$		−0.026***		−0.168***		−0.020***
		(−4.170)		(−5.460)		(−5.890)
$DEBT$		0.014		0.059		0.004
		(0.660)		(0.940)		(0.360)

续 表

	组 A：HERD=HM		组 B：HERD=ADJHM		组 C：HERD=H2^{qs}	
	Model 1	Model 2	Model 1	Model 2	Model 1	Model 2
BM		−0.035*		−0.459***		−0.015
		(−1.770)		(−3.460)		(−1.440)
REFORM	−0.006	−0.017*	−0.032*	−0.029	0.005	−0.003
	(−0.790)	(−1.900)	(−1.740)	(−1.150)	(1.050)	(−0.810)
Constant	0.424	0.870*	−0.244	1.912	−0.026	0.520**
	(1.100)	(1.940)	(−0.230)	(1.240)	(−0.070)	(2.240)
Industry FEs	YES	YES	YES	YES	YES	YES
Obs	36 812	22 686	36 677	22 631	34 452	22 155
Wald test	153.75	133.47	47.91	270.49	109.32	138.47

注：表格中星号表示显著性水平，* 表示在10%的置信水平下显著，** 表示在5%的置信水平下显著，*** 表示在1%的置信水平下显著。括号内为经由异方差进行调整的 t 值。

第 5 章
公募基金的羊群行为
——基于美国市场的比较研究

5.1 美国公募基金的羊群行为分析

在本章中主要分析美国公募基金的羊群行为及其基金特征,和分析中国公募基金的羊群行为类似,笔者使用 LSV 基金羊群行为、BWW 基金羊群行为和 FHW 基金羊群行为来刻画美国基金的羊群行为。

表 5-1 的组 A 显示了美国公募基金的收益率、波动率和股票联动性,基金的羊群行为包括 LSV 基金羊群行为、BWW 基金羊群行为和 FHW 基金羊群行为和其他的控制变量,包括股票的基金经理数量、股票市值、财务杠杆和账面市值比。此外,分析师指标包括一年每股盈余预测标准差和股票分析师数量。

通过对公募基金的羊群行为的汇总统计数据,以及 2005 至 2019 年样本期内相关的控制变量。就 LSV 羊群行为而言,所有股票的平均羊群行为(HM)、平均买入羊群行为(BHM)和平均卖出羊群行为(SHM)分别为 0.060、0.076 和 0.044,且在 1% 显著性水平上都具有高度显著性。此外,平均 BWW 羊群行为($ADJHM$)为 0.057,具有很高的显著性,此外,FHW 羊群指标数值($H2^{qs}$)为 0.018 并且在 1% 的水平上显著性。这些统计数据与之前的文献相一致,证实了美国股市在很大程度上存在显著的公募基金的羊群行为(见 Chang et al., 2015)。

表 5-1 的组 B 显示了 2005 至 2019 年样本期内公募基金数量、公募基金交易公司数量以及公募基金购买股票占交易该股票的基金总数的比例(%)的平均统计数据。此外,实证结果还报告了 2005 至 2019 年这三个变量每奇数年的年终数字。组 B 显示,美国公募基金数量从 2005 年的 2 433 只大幅增加到 2019 年

表 5-1 美国公募基金的羊群行为的描述性统计（2005—2019）

组 A: 变量的描述性统计

	RET	IVOL	RSQ	HM	BHM	SHM	ADJHM	$H2^{qs}$	n_qs	COVERAGE	DIST	TURNOVER	SIZE	DEBT	BM
Mean	0.052***	2.764***	−2.295***	0.060***	0.076***	0.044***	0.057***	0.018***	181.155***	7.806***	0.147***	0.607***	13.119***	0.532***	1.870***
Std. Err.	0.000 7	0.005 7	0.005 3	0.000 3	0.000 5	0.000 3	0.000 7	0.000 2	0.659 4	0.020 2	0.003 3	0.002 8	0.005 0	0.001 2	0.051 7
Std. Dev.	0.309	2.371	2.175	0.099	0.117	0.073	0.259	0.054	237.156	6.807	1.048	1.148	2.064	0.476	21.307
25%	−0.094	1.465	−3.247	−0.002	0.000	−0.004	−0.160	−0.001	44.000	3.000	0.030	0.192	11.658	0.306	0.263
50%	0.038	2.211	−1.804	0.041	0.054	0.032	0.000	0.004	113.000	5.667	0.060	0.392	13.082	0.506	0.501
75%	0.176	3.349	−0.832	0.099	0.120	0.078	0.275	0.016	217.000	11.000	0.133	0.703	14.523	0.688	0.872
Min	−5.422	0.087	−27.761	−0.250	−0.248	−0.250	−0.716	−0.250	0.000	1.000	0.000	0.000	2.298	−0.724	0.000
Max	18.464	83.078	2.799	0.540	0.540	0.479	0.755	0.377	2 938.000	55.000	240.107	89.948	20.629	62.721	27.700
Obs	171 040	170 563	170 563	129 318	64 639	64 679	129 318	128 208	129 366	112 672	101 042	171 860	171 860	169 588	169 652

组 B: 公募基金交易行为的特征

	Mean	2005	2007	2009	2011	2013	2015	2017	2019
基金的个数	3 658	2 433	2 942	2 820	3 302	3 748	4 187	4 530	5 495
基金交易的企业个数	11 085	10 846	11 020	10 486	10 315	10 632	11 134	10 598	13 392
买入股票的基金持有比例/%	52.78	56.18	54.57	52.47	48.57	54.28	55.48	53.29	51.48

的 5 495 只。随着这一增长,笔者还发现,在同一时期,公募基金交易的公司数量也有所增加。有趣的是,表 5-1 的组 B 还显示,购买一只股票的基金占交易该股票的基金总数的比例每年都有显著的变化,这对于笔者检验公募基金的羊群行为对股票表现的影响很重要。

5.2 美国公募基金的羊群行为对股票表现的影响

5.2.1 美国公募基金的羊群行为对股票收益率的影响

本小节回归模型如下所示:

$$RETURNS_{i,T+1} = \beta_0 + \beta_1 HERD_{i,T} + \beta_2 COVERAGE_{i,T} + \beta_3 RETURNS_{i,T} \\ + \beta_4 TURNOVER_{i,T} + \beta_5 SIZE_{i,T} + \beta_6 DEBT_{i,T} \\ + \beta_7 BM_{i,T} + \theta_T + \gamma_i + \varepsilon_{i,T} \tag{5.1}$$

式中,$RETURNS_{i,T+1}$ 是股票 i 在 $T+1$ 时刻的季度的收益率。$HERD_{i,T}$ 是季度 T 中股票 i 所涉及的公募基金的羊群行为测度。笔者主要使用了三种羊群行为测度方法,分别是 Lakonishok 等(1992)提出的 LSV 羊群指标(HM)、Brown 等(2014)BWW 羊群指标($ADJHM$)和 Frey 等(2014)提出的 FWH 羊群指标($H2^{qs}$)。$COVERAGE_{i,T}$ 是股票 i 在季度 T 中的股票分析师数量。$RETURNS_{i,T}$ 是股票 i 在季度 T 中的累计收益(非复合收益)。$TURNOVER_{i,T}$ 是股票 i 在季度 T 中的换手率,定义为过去 3 个月的月平均成交量,其中月成交量计算为一个月内交易的总股数除以流通股数。$SIZE_{i,T}$ 是股票 i 在季度末的市值 T。$DEBT_{i,T}$ 是财务杠杆,定义为股票 i 在季度 T 末的资产负债比率。$BM_{i,T}$ 是股票 i 在季度 T 中的账面市值比。θ_T 和 γ_i 分别指时间固定效应和行业固定效应。因为在美国市场中,基金每个季度都会披露持股信息,所以对于美国的公募基金,笔者选择季度数据。

表 5-2 为公募基金的羊群行为对于股票收益率的面板数据模型回归结果,其中,在组 A 中使用 LSV 羊群指标(HM),在组 B 中使用 BWW 羊群指标($ADJHM$),在组 C 中使用 FHW 羊群指标($H2^{qs}$)作为股票收益率的主要解释

变量。从整体结果上来看,在不考虑其他控制变量的情况下,无论采取哪种羊群指标作为公募基金的羊群行为的代理变量,其对股票收益率都存在显著的正向影响作用。同时,在考虑加入其他控制变量后公募基金的羊群行为对股票收益率的正向影响作用依旧存在且显著。此外,组 B 中公募基金的羊群行为对于股票收益率的回归系数显著性程度要明显高于组 A 和组 C 的回归结果。该实证结果说明基金羊群行为对股票收益率有着显著的正向作用。

表 5‑2 基金羊群行为对股票收益率的影响分析

	组 A:HERD=HM		组 B:HERD=ADJHM		组 C:HERD=H2^{qs}	
	Model 1	Model 2	Model 3	Model 4	Model 5	Model 6
HERD	0.068***	0.108***	0.050***	0.054***	0.057***	0.056***
	(6.610)	(9.130)	(21.600)	(25.320)	(2.420)	(1.730)
COVERAGE		0.001***		0.001***		0.001***
		(8.140)		(9.870)		(8.140)
RETURNS		−0.009*		−0.016***		−0.009*
		(−1.760)		(−3.360)		(−1.890)
TURNOVER		−0.004***		−0.005***		−0.004***
		(−3.200)		(−3.970)		(−3.330)
SIZE		−0.009***		−0.008***		−0.009***
		(−14.290)		(−13.060)		(−13.990)
DEBT		−0.005*		−0.003		−0.005*
		(−1.890)		(−0.960)		(−1.740)
BM		0.000		0.0001		0.000
		(0.870)		(1.400)		(0.860)
Constant	0.033*	0.149***	0.026	0.134***	0.033*	0.152***
	(1.900)	(7.730)	(1.450)	(6.840)	(1.900)	(7.720)
Time FEs	YES	YES	YES	YES	YES	YES
Industry FEs	YES	YES	YES	YES	YES	YES
R-square	0.139	0.173	0.142	0.176	0.141	0.172
Observation	124 575	102 707	126 090	103 968	123 668	102 599

注:表格中星号表示显著性水平,* 表示在 10% 的置信水平下显著,** 表示在 5% 的置信水平下显著,*** 表示在 1% 的置信水平下显著。括号内为 t 值,t 值采用基金个体层面聚类进行调整。

考虑到由于宏观经济发展,基金羊群行为对于股票收益率的影响可能不同,笔者将美国经济衰退时期设为1(2008—2009)($RECE=1$),非经济衰退时期设为0($RECE=0$),引入经济衰退与羊群行为的交互项来研究经济衰退带来的影响。表5-3中展示了研究结果,在组A中使用LSV羊群指标(HM),在组B中使用BWW羊群指标($ADJHM$),在组C中使用FHW羊群指标($H2^{qs}$)作为股票收益率的主要解释变量。

表5-3 基金羊群行为对股票收益率的影响分析:经济衰退

	组A:HERD=HM		组B:HERD=ADJHM		组C:HERD=H2^{qs}	
	Model 1	Model 2	Model 3	Model 4	Model 5	Model 6
$HERD$	0.038***	0.055***	0.046***	0.047***	0.034	−0.029
	(3.770)	(5.010)	(21.240)	(22.130)	(1.400)	(−0.950)
$HERD*REC$	0.247***	0.441***	0.038***	0.081***	0.189*	0.744***
	(5.510)	(8.040)	(3.160)	(9.080)	(1.950)	(4.590)
$COVERAGE$		0.001***		0.001***		0.001***
		(8.110)		(9.510)		(8.040)
$RETURNS$		−0.009*		−0.017***		−0.010**
		(−1.930)		(−3.530)		(−1.970)
$TURNOVER$		−0.003***		−0.005***		−0.004***
		(−3.100)		(−3.920)		(−3.210)
$SIZE$		−0.009***		−0.008***		−0.009***
		(−14.140)		(−12.840)		(−13.880)
$DEBT$		−0.005*		−0.003		−0.005*
		(−1.720)		(−0.960)		(−1.710)
BM		0.0000		0.0001		0.000
		(0.810)		(1.410)		(0.810)
Constant	0.034**	0.150***	0.026	0.132***	0.034*	0.152***
	(2.000)	(7.750)	(1.440)	(6.730)	(1.930)	(7.710)
Time FEs	YES	YES	YES	YES	YES	YES
Industry FEs	YES	YES	YES	YES	YES	YES
R-square	0.140	0.175	0.142	0.177	0.141	0.173
Observation	124 575	102 707	126 090	103 968	123 668	102 599

注:表格中星号表示显著性水平,*表示在10%的置信水平下显著,**表示在5%的置信水平下显著,***表示在1%的置信水平下显著。括号内为t值,t值采用基金个体层面聚类进行调整。

在表 5-3 的组 A 中,笔者使用 Lakonishok 等(1992)提出的 LSV 羊群测度指标(HM)作为回归中的主要解释变量,发现公募基金的羊群行为对于股票的收益率仍为显著正向的影响作用,与经济衰退的交互项显著为正,说明在经济衰退时期,公募基金的羊群行为对股票收益率的影响更大,可能是在经济整体情况不好的情况下,基金经理可能会更加偏向于抱团取暖,加大了基金羊群行为的正向作用。

在表 5-3 的组 B 中,笔者使用 Brown 等(2014)提出的 BWW 羊群度量指标($ADJHM$)作为主要的解释变量,发现公募基金的羊群行为都对股票收益率产生显著的正向影响,同时公募基金的羊群行为与经济衰退的交互项的系数显著为正,与组 A 所得到的结论一致,说明公募基金的羊群行为会在经济衰退时对于股票收益率的影响增加。

在表 5-3 的组 C 中,笔者使用 Frey 等(2014)的 FHW 羊群度量指标($H2^{qs}$)作为主要解释变量,发现公募基金的羊群行为对股票收益率的系数为正,然而在统计学意义上并不显著,但羊群行为与经济衰退的交互项显著为正,说明在经济衰退时期,羊群行为对于股票收益率会有更大的影响。

通过上述三组分析结果可以发现,基金羊群行为对股票收益率存在显著的正向影响作用。在经济衰退时期,羊群行为会加强对于股票收益率的正向影响作用。

5.2.2 美国公募基金的羊群行为对股票特质波动率的影响

在本小节中,笔者使用公募基金的羊群行为作为主要变量来解释美国股市特质波动率。在笔者的实证分析中,使用面板回归模型检验当期季度公募基金的羊群行为与下期季度股票特质波动率之间的关系,同时在回归中控制其他股票特征。基于 Chan 和 Hameed(2006)的研究,笔者将公司市值、换手率、财务杠杆和账面市值比作为回归的控制变量。除此之外笔者也将分析师每股盈余预测标准差纳入控制变量范畴。具体来说,笔者用公式(5.2)所示的如下面板回归模型来估计公募基金的羊群行为对股票特质波动率的影响:

$$IVOL_{i,T+1} = \beta_0 + \beta_1 HERD_{i,T} + \beta_2 DISP_{i,T} + \beta_3 RETURNS_{i,T}$$
$$+ \beta_4 TURNOVER_{i,T} + \beta_5 SIZE_{i,T} + \beta_6 DEBT_{i,T}$$
$$+ \beta_7 BM_{i,T} + \theta_T + \gamma_i + \varepsilon_{i,T} \tag{5.2}$$

式中，$IVOL_{i,T+1}$ 是股票 i 在 $T+1$ 时刻的季度特质波动率，反映了股市特质波动率。$HERD_{i,T}$ 是半年 T 中股票 i 所涉及的公募基金的羊群行为测度。笔者主要使用了三种羊群行为测度方法，分别是 Lakonishok 等（1992）提出的 LSV 羊群指标（HM）、Brown 等（2014）BWW 的羊群指标（$ADJHM$）和 Frey 等（2014）提出的 FWH 羊群指标（$H2^{qs}$）。$DISP_{i,T}$ 是股票 i 在季度 T 中的每股盈余预测标准差。$RETURNS_{i,T}$ 是股票 i 在季度 T 中的累计收益（非复合收益）。$TURNOVER_{i,T}$ 是股票 i 在季度 T 中的换手率，定义为过去三个月的月平均成交量，其中月成交量计算为一个月内交易的总股数除以流通股数。$SIZE_{i,T}$ 是股票 i 在季度末 T 的市值。$DEBT_{i,T}$ 是财务杠杆，定义为股票 i 在季度 T 末的资产负债比率。$BM_{i,T}$ 是股票 i 在季度 T 中的账面市值比。θ_T 和 γ_i 分别指时间固定效应和行业固定效应。

表 5-4 基金羊群行为对股票特质波动率的影响分析

	组 A：HERD=HM		组 B：HERD=ADJHM		组 C：HERD=H2^{qs}	
	Model 1	Model 2	Model 3	Model 4	Model 5	Model 6
HERD	0.346***	0.353***	0.184***	0.005	2.959***	1.541***
	(4.310)	(5.320)	(6.690)	(0.330)	(17.820)	(9.970)
DISP		0.033**		0.034**		0.032*
		(1.980)		(2.000)		(1.940)
RETURNS		−0.160***		−0.156***		−0.162***
		(−4.180)		(−4.060)		(−4.240)
TURNOVER		0.237***		0.237***		0.240***
		(5.090)		(5.150)		(5.060)
SIZE		−0.398***		−0.398***		−0.395***
		(−47.320)		(−47.510)		(−47.280)
DEBT		0.174***		0.175***		0.174***
		(4.320)		(4.370)		(4.350)
BM		−0.011***		−0.011***		−0.012***
		(−8.630)		(−8.690)		(−8.520)
Constant	2.612***	6.967***	2.701***	6.926***	2.424***	6.896***
	(13.600)	(40.590)	(13.950)	(37.480)	(12.510)	(40.370)

续 表

	组 A：HERD=HM		组 B：HERD=ADJHM		组 C：HERD=H2^{qs}	
	Model 1	Model 2	Model 3	Model 4	Model 5	Model 6
Time FEs	YES	YES	YES	YES	YES	YES
Industry FEs	YES	YES	YES	YES	YES	YES
R-square	0.120	0.371	0.119	0.372	0.127	0.372
Observation	123 685	92 441	125 244	93 580	122 626	92 328

注：表格中星号表示显著性水平，* 表示在 10% 的置信水平下显著，** 表示在 5% 的置信水平下显著，*** 表示在 1% 的置信水平下显著。括号内为 t 值，t 值采用基金个体层面聚类进行调整。

实证结果如表 5-4 所示，在表 5-4 的组 A 中，笔者首先使用 Lakonishok 等(1992)提出的 LSV 羊群测度指标(HM)作为两个不同回归模型(有控制变量和无控制变量)的主要解释变量。笔者发现，当前季度公募基金的羊群行为与随后一个季度美国股市特质波动呈显著正相关。此外，每股盈余预测标准差对模型(2)中的特质波动率有显著的正向影响。这表明每股盈余预测标准差会增加股票定价的不确定性，增加股市特质波动率。在其他公司特征方面，笔者观察到近三个月换手率和杠杆率与股票未来特质波动率均为显著正相关，而累计股票收益率、市值规模和账面市值比率则与股票未来特质波动率显著负相关。然而，这些控制变量的显著影响并没有降低公募基金的羊群行为对美国股票未来特质波动的显著积极影响。

在表 5-4 的组 B 和组 C 中，笔者分别使用了 Brown 等(2014)的 BWW 羊群指标($ADJHM$)和 Frey 等(2014)提出的 FHW 羊群指标($H2^{qs}$)作为主要解释变量，并进行与组 A 类似的面板回归。笔者发现在所有模型中，当期季度公募基金的羊群行为仍然与下期季度股票特质波动率显著正相关。同样，每股盈余预测标准差也与股票未来特质波动率显著正相关，其他控制变量也再次保持其对下期特质波动率的预期影响和显著性。在模型包含这些控制变量后，公募基金的羊群行为与股票未来特质波动之间的正相关关系依然显著成立。

考虑到由于经济衰退，基金羊群行为对于股票特质波动率的影响可能不同，笔者将美国经济衰退时期设为 1($RECE=1$)，非经济衰退时期设为 0($RECE=0$)，引入经济衰退与羊群行为的交互项来研究经济衰退带来的影响。表 5-5

中,可以发现在组 A 中使用 LSV 羊群指标(HM),在组 B 中使用 BWW 羊群指标($ADJHM$),在组 C 中使用 FHW 羊群指标($H2^{qs}$)作为股票特质波动率的主要解释变量。

表 5-5　基金羊群行为对股票特质波动率的影响分析:经济衰退

	组 A:HERD=HM		组 B:HERD=ADJHM		组 C:HERD=H2^{qs}	
	Model 1	Model 2	Model 3	Model 4	Model 5	Model 6
HERD	0.242***	0.371***	0.129***	−0.016	2.610***	1.376***
	(3.190)	(5.570)	(4.750)	(−1.140)	(17.140)	(8.860)
HERD*REC	0.994**	−0.184	−0.104	−0.081	3.405***	2.092**
	(2.480)	(−0.630)	(−0.810)	(−1.570)	(3.610)	(2.420)
DISP		0.033**		0.035***		0.032*
		(1.980)		(15.430)		(1.950)
RETURNS		−0.159***		−0.034		−0.164***
		(−4.180)		(−0.960)		(−4.320)
TURNOVER		0.237***		0.191***		0.240***
		(5.090)		(4.510)		(5.060)
SIZE		−0.398***		−0.511***		−0.394***
		(−47.360)		(−47.390)		(−47.350)
DEBT		0.173***		0.262***		0.175***
		(4.320)		(6.590)		(4.360)
BM		−0.011***		−0.007***		−0.012***
		(−8.630)		(−3.080)		(−8.520)
Constant	2.627***	6.966***	2.731***	8.271***	2.451***	6.899***
	(13.700)	(40.590)	(14.010)	(37.120)	(12.660)	(40.290)
Time FEs	YES	YES	YES	YES	YES	YES
Industry FEs	YES	YES	YES	YES	YES	YES
R-square	0.120	0.371	0.119	0.375	0.128	0.372
Observation	123 685	92 441	124 926	103 889	122 626	92 328

注:表格中星号表示显著性水平,* 表示在 10% 的置信水平下显著,** 表示在 5% 的置信水平下显著,*** 表示在 1% 的置信水平下显著。括号内为 t 值,t 值采用基金个体层面聚类进行调整。

在表 5-5 的组 A 中,笔者使用 Lakonishok 等(1992)提出的 LSV 羊群测度指标(HM)作为回归中的主要解释变量,发现公募基金的羊群行为对于股票的特质波动率仍为显著正向的影响作用,与经济衰退的交互项显著为正,说明在经济衰退时期,公募基金的羊群行为变强了,增加了羊群行为对于股票特质波动率的影响。

在表 5-5 的组 B 中,笔者使用 Brown 等(2014)提出的 BWW 羊群度量指标($ADJHM$)作为主要的解释变量,发现公募基金的羊群行为都对股票特质波动率产生显著的正向影响,然而公募基金的羊群行为与经济衰退的交互项的系数为负,同时在统计意义上仍不够显著,与组 A 所得到的结论不同。在表 5-5 的组 C 中,笔者使用 Frey 等(2014)的 FHW 羊群度量指标($H2^{qs}$)作为主要解释变量,发现公募基金的羊群行为对股票特质风险的系数为正,同时羊群行为与经济衰退的交互项显著为正,说明在经济衰退时期,羊群行为对于股票特质风险会有更大的影响。通过对比三组分析结果可以发现,基金羊群行为对股票特质风险存在显著的正向影响作用。在经济衰退时期,羊群行为会加强对于股票特质风险的影响。

5.2.3 美国公募基金的羊群行为对股票联动性的影响

在本小节中,笔者使用公募基金的羊群行为作为主要变量来解释股票联动性。在笔者的实证分析中,使用面板时间序列横截面回归设置来控制其他股票特征,回归当前季度公募基金的羊群行为的下季度联动性。笔者特别控制分析师数量,因为之前的研究表明,信息披露、分析师数量与股票联动性密切相关(Hameed et al.,2015;Israelsen,2016)。根据 Chan 和 Hameed(2006),笔者还将公司市值规模、换手率、杠杆率和账面市值比作为回归规范的控制变量。准确地说,笔者使用以下回归模型来估计羊群行为对未来股票联动性的影响[公式(5.3)]:

$$
\begin{aligned}
RSQ_{i,T+1} = & \beta_0 + \beta_1 HERD_{i,T} + \beta_2 COVERAGE_{i,T} + \beta_3 RETURNS_{i,T} \\
& + \beta_4 TURNOVER_{i,T} + \beta_5 SIZE_{i,T} + \beta_6 DEBT_{i,T} \\
& + \beta_7 BM_{i,T} + \theta_T + \gamma_i + \varepsilon_{i,T}
\end{aligned} \tag{5.3}
$$

式中,$RSQ_{i,T+1}$ 是公式(3.7)中定义的季度 $T+1$ 股票 i 的联动性。$HERD_{i,T}$ 是季度 T 中股票 i 所涉及的公募基金的羊群行为测度。笔者主要使用了三种羊群行为测度方法,分别是 LSV 羊群指标(HM),Brown 等(2014)提出的 BWW 的羊群指标($ADJHM$)和 Frey 等(2014)提出的 FWH 羊群指标

($H2^{qs}$)。$COVERAGE_{i,T}$是报告股票i在季度T中的一年每股盈余预测的分析师数量。$RETURNS_{i,T}$是股票i在季度T中的累计收益（非复合收益）。$TURNOVER_{i,T}$是股票i在季度T中的换手率，定义为过去三个月的月平均成交量，其中月成交量计算为一个月内交易的总股数除以流通股数。$SIZE_{i,T}$是股票i在季度末T的市值。$DEBT_{i,T}$是财务杠杆，定义为股票i在季度T末的资产负债比率。$BM_{i,T}$是股票i在季度T中的账面市值比。θ_T和γ_i分别指时间固定效应和行业固定效应。

表5-6 基金羊群行为对股票联动性的影响分析

	组A：HERD=HM		组B：HERD=ADJHM		组C：HERD=$H2^{qs}$	
HERD	−0.981***	−1.242***	−0.278***	−0.055***	−4.325***	−3.506***
	(−10.920)	(−16.780)	(−10.080)	(−2.910)	(−25.570)	(−19.680)
COVERAGE		−0.034***		−0.033***		−0.034***
		(−13.170)		(−12.650)		(−13.380)
RETURNS		0.082***		0.073***		0.082***
		(3.210)		(2.870)		(3.240)
TURNOVER		0.056***		0.060***		0.057***
		(4.250)		(4.510)		(4.260)
SIZE		0.536***		0.534***		0.529***
		(42.540)		(42.160)		(42.030)
DEBT		0.001		−0.016		−0.003
		(0.020)		(−0.470)		(−0.080)
BM		0.002***		0.002***		0.002***
		(3.030)		(2.860)		(2.740)
Constant	−3.481***	−9.758***	−3.478***	−9.765***	−3.276***	−9.627***
	(−10.660)	(−32.960)	(−11.300)	(−33.560)	(−9.880)	(−32.130)
Time FEs	YES	YES	YES	YES	YES	YES
Industry FEs	YES	YES	YES	YES	YES	YES
R-square	0.111	0.337	0.111	0.335	0.121	0.338
Observation	123 685	102 737	125 244	104 024	122 626	102 568

注：表格中星号表示显著性水平，* 表示在10%的置信水平下显著，** 表示在5%的置信水平下显著，*** 表示在1%的置信水平下显著。括号内为t值，t值采用基金个体层面聚类进行调整。

在表 5-6 的组 A 中使用了 LSV 羊群指标(HM)，在组 B 中笔者使用 BWW 的羊群指标($ADJHM$)，在组 C 中使用 FHW 羊群指标($H2^{qs}$)。在所有的回归模型中，笔者发现当期季度公募基金的羊群行为与美国股市下期季度的联动性呈显著负相关[①]。此外，实证结果表明分析师数量对股票联动性有显著的负面影响。这表明随着研究股票的证券分析师数量的增加，这会为该股票提供更好的公司特定信息，从而有助于股票价格相互背离并向其基本价值移动，从而降低股票之间的联动性。在其他公司特征方面，笔者发现过去三个月累积股票收益率、换手率、规模、账面市值比与未来股票联动性显著正相关。然而最重要的是，这些控制变量的显著性并不能减少或消除公募基金的羊群行为对美国未来股票联动性显著的负面影响。

考虑到由于经济衰退，基金羊群行为对于股票联动性的影响可能不同，笔者将美国经济衰退时期设为 1($RECE=1$)，非经济衰退时期设为 0($RECE=0$)，引入经济衰退与羊群行为的交互项来研究经济衰退带来的影响。表 5-7 中，可以发现在组 A 中使用 LSV 羊群指标(HM)，在组 B 中使用 BWW 羊群指标($ADJHM$)，在组 C 中使用 FHW 羊群指标($H2^{qs}$)作为股票联动性的主要解释变量。

在表 5-7 的组 A 中，笔者使用 Lakonishok 等(1992)提出的 LSV 羊群测度指标(HM)作为回归中的主要解释变量，发现公募基金的羊群行为对于股票的联动性具有显著负向的影响作用，与经济衰退的交互项显著为负，说明在经济衰退时期，公募基金的羊群行为对于股票联动性的负向作用加强。

在表 5-7 的组 B 中，笔者使用 Brown 等(2014)的 BWW 羊群度量指标($ADJHM$)作为主要的解释变量，发现公募基金的羊群行为都对股票特质波动率产生显著的负向影响，同时公募基金的羊群行为与经济衰退的交互项的系数为负，表明经济衰退会增加基金羊群行为对于股票联动性的负向影响。在表 5-7 的组 C 中，笔者使用 Frey 等(2014)的 FHW 羊群度量指标($H2^{qs}$)作为主要解释变量，发现公募基金的羊群行为对股票联动性的系数为负，同时羊群行为与经济衰退的交互项显著为负，说明经济衰退会增加基金羊群行为对于股票联动性的负向影响。

[①] 除此之外笔者还使用 Fama-MacBeth 方法来检验公募基金的羊群行为与股票联动性的关系。与面板回归的结果一致，笔者再次发现公募基金的羊群行为与股票联动性之间存在显著的负相关关系。

通过对比三组分析结果可以发现,基金羊群行为对股票联动性存在显著的负向影响作用。在经济衰退时期,羊群行为对于股票联动性的负向影响作用会变强。

表 5-7 基金羊群行为对股票联动性的影响分析:经济衰退

	组 A:HERD=HM		组 B:HERD=ADJHM		组 C:HERD=H2^{qs}	
	Model 1	Model 2	Model 3	Model 4	Model 5	Model 6
HERD	−0.882***	−1.205***	−0.182***	−0.014	−4.114***	−3.366***
	(−9.600)	(−15.620)	(−6.340)	(−0.750)	(−24.040)	(−18.370)
HERD*REC	−0.944***	−0.359	−0.264***	−0.156***	−2.056***	−1.688**
	(−3.640)	(−1.590)	(−3.740)	(−3.130)	(−3.680)	(−2.530)
COVERAGE		−0.034***		−0.034***		−0.034***
		(−13.170)		(−12.900)		(−13.350)
RETURNS		0.083***		0.070***		0.084***
		(3.270)		(2.740)		(3.320)
TURNOVER		0.055***		0.062***		0.056***
		(4.230)		(4.310)		(4.200)
SIZE		0.536***		0.535***		0.529***
		(42.540)		(41.910)		(42.020)
DEBT		0.000 2		−0.020		−0.003
		(0.010)		(−0.590)		(−0.090)
BM		0.002***		0.002***		0.002***
		(3.050)		(2.770)		(2.790)
Constant	−3.495***	−9.760***	−3.496***	−9.823***	−3.292***	−9.629***
	(−10.720)	(−32.980)	(−8.990)	(−29.030)	(−9.940)	(−32.160)
Time FEs	YES	YES	YES	YES	YES	YES
Industry FEs	YES	YES	YES	YES	YES	YES
R-square	0.111	0.337	0.108	0.336	0.121	0.338
Observation	123 685	102 737	122 042	102 799	122 626	102 568

注:表格中星号表示显著性水平,* 表示在 10% 的置信水平下显著,** 表示在 5% 的置信水平下显著,*** 表示在 1% 的置信水平下显著。括号内为 t 值,t 值采用基金个体层面聚类进行调整。

5.3 美国基金的羊群行为成因研究

5.3.1 股票个股收益率对于基金羊群行为的实证分析

本小节主要实证研究股票个股收益率对于基金羊群行为的影响。笔者建立的回归模型如下所示：

$$HERD_{i,t} = \beta_0 + \beta_1 HERD_{i,t-1} + \beta_2 RET_{i,t} + \beta_3 DIST_{i,t} + \beta_4 SIZE_{i,t} \\ + \beta_5 DEBT_{i,t} + \beta_6 BM_{i,t} + \gamma_i + \varepsilon_{i,t} \tag{5.4}$$

其中，$HERD$ 是美国公募基金的羊群行为，笔者用 LSV 羊群行为指标（HM）、BWW 羊群行为指标（$ADJHM$）和 FHW 羊群指标（$H2^{qs}$）进行测度，此外，$RET_{i,t}$ 是股票 i 在季度 t 中的收益率，$TURNOVER_{i,t}$ 是股票 i 在季度 t 中的换手率，定义为过去三个月的月平均换手率，其中，月换手率计算为一个月内交易的总股数除以流通股数。$SIZE_{i,t}$ 是股票 i 在季度 t 末的市值。$DEBT_{i,t}$ 是财务杠杆，定义为股票 i 在季度 t 末的资产负债比率。$BM_{i,t}$ 是股票 i 在季度 t 中的账面市值比。$DIST_{i,t}$ 是报告股票 i 在季度 t 中的一年每股盈余预测标准差。最后，γ_i 指的是行业固定效应。因为在美国市场中，基金每个季度都会披露持股信息，所以对于美国的公募基金，笔者选择季度数据。考虑到基金羊群行为与股票收益率可能存在双向影响而造成内生性问题，笔者使用动态面板回归模型。

表 5-8 通过 VAR 格兰杰因果检验显示了组 A、组 B 和组 C 采用 LSV 羊群测度指标（HM），BWW 的羊群指标（$ADJHM$）和 FHW 羊群指标（$H2^{qs}$）作为基金羊群行为的测度量时，股票收益率与他们因果关系的显著程度。组 A 中，该检验拒绝股票收益率不是羊群行为的格兰杰原因的假设。而在组 B 中，该检验拒绝股票收益率不是羊群行为的格兰杰原因的假设。此外，在组 C 中，该检验同样拒绝原假设，说明股票收益率与基金羊群行为互为因果，也表明了本文使用动态面板回归模型进行估计的必要性。

表 5-8 基金羊群行为和股票收益率的格兰杰因果检验结果

	组 A：HERD=HM	组 B：HERD=ADJHM	组 C：HERD=H2^{qs}
VAR 格兰杰检验			
羊群行为不是股票收益率的格兰杰原因	0.000***	0.000***	0.072*
股票收益率不是羊群行为的格兰杰原因	0.000***	0.000***	0.000***

注：括号内的是统计量所对应的 P 值，格兰杰因果检验的滞后阶数由 AIC 准则选择。

表 5-9 股票收益率对基金羊群行为的影响作用

	组 A：HERD=HM		组 B：HERD=ADJHM		组 C：HERD=H2^{qs}	
	Model 1	Model 2	Model 3	Model 4	Model 5	Model 6
HERD(-1)	0.097***	0.108***	0.205	0.212***	0.077***	0.084***
	(26.610)	(26.210)	(55.260)	(51.090)	(13.420)	(12.830)
RETURNS	0.008***	0.009***	0.083***	0.089***	0.002***	0.003***
	(7.140)	(7.230)	(16.510)	(25.920)	(3.340)	(6.310)
DISP		-0.0001		0.002		0.000
		(-0.200)		(1.240)		(0.140)
SIZE		0.002***		0.012***		-0.0002
		(10.600)		(15.090)		(-0.170)
DEBT		0.007***		-0.002		0.002***
		(6.030)		(-0.580)		(4.360)
BM		0.000		0.0004***		0.000
		(1.530)		(3.280)		(0.640)
Constant	0.049***	0.013	0.063	-0.086**	0.007	0.018***
	(3.990)	(1.070)	(1.600)	(-2.070)	(1.570)	(3.810)
Industry FEs	YES	YES	YES	YES	YES	YES
R-square	0.014	0.025	0.055	0.070	0.012	0.026
Observation	125 926	95 198	125 926	95 198	124 637	94 971

注：表格中星号表示显著性水平，* 表示在 10%的置信水平下显著，** 表示在 5%的置信水平下显著，*** 表示在 1%的置信水平下显著。括号内为 t 值，t 值采用基金个体层面聚类进行调整。

实证结果如表 5-9 所示,本小节对三个羊群行为测度指标分别进行回归。在表 5-9 的组 A 中,笔者首先使用 Lakonishok 等(1992)提出的 LSV 羊群测度指标(HM)作为两个不同回归模型(有控制变量和无控制变量)的羊群行为测度指标。在模型(1)中,笔者只考虑基金羊群行为的滞后一期和股票收益率,实证结果表明股票收益率对于公募基金的羊群行为有着显著正向的影响,羊群行为指标滞后项也是显著为正的。在模型(2)中,笔者加入其他控制变量来进行研究羊群行为是否受到其他因素的影响,同时观察股票收益率是否仍然显著。通过实证结果,笔者可以观察到股票收益率仍然对公募基金的羊群行为有着显著正向的影响。研究结果表明股票收益率确实是影响羊群行为产生的原因之一,这个结果与在中国市场相同。基金经理会更愿意去选择收益好的,会导致基金经理选择股票的趋同,以此导致羊群行为的产生。此外,在其他控制变量方面,笔者可以注意到股票的市值规模对于羊群行为有显著正向的影响,这与在中国市场的结论不同,在中国,选择小市值规模股票更看重它的成长价值以及对于股价的影响大。可能的原因之一是,美国市场的体制更加规范和完善,市场更加有效,股票的价格更能体现企业自身的价值。财务杠杆因素对于公募基金的羊群行为有显著正向的影响。

在表 5-9 的组 B 中,笔者使用 Brown 等(2014)BWW 的羊群指标($ADJHM$)作为两个不同回归模型(有控制变量和无控制变量)的羊群行为测度指标。同样,在模型(3)中,只考虑基金羊群行为滞后一期和股票收益率,实证结果表明股票收益率对于公募基金的羊群行为有着显著正向的影响,但与模型(1)不同的是,羊群行为指标滞后一期的影响并不显著。在模型(4)中,加入其他控制变量进行研究,结果表明股票收益率对于公募基金的羊群行为同样也是显著正向的影响。两组结果均表明股票收益率确实是影响公募基金的羊群行为的因素之一。另外,笔者可以注意到股票的规模和账面市值比对公募基金的羊群行为有显著正向的影响。

在表 5-9 的组 C 中,笔者使用 Frey 等(2014)提出的 FHW 羊群指标($H2^{qs}$)作为两个不同回归模型(有控制变量和无控制变量)的羊群行为测度指标。在模型(5)中,只考虑测度指标滞后一期和股票收益率,实证结果表明股票收益率对于公募基金的羊群行为有显著正向的影响,滞后一期也是显著正向的影响。在模型(6)中,加入其他控制变量后,股票收益率对于公募基金的羊群行为仍然是显著正向的影响,与前面两组的结果一致。

由三组结果可以看出,股票收益率对于公募基金的羊群行为存在显著的正向影响,说明股票收益率是影响公募基金的羊群行为的因素之一。然而与在中国市场的结果的区别在于,美国市场上股票收益率对于公募基金的羊群行为的影响系数比在中国市场小。

为了进一步研究股票收益率对于基金羊群行为的影响,笔者将美国经济衰退时期设为 1(2008—2009)($RECE=1$),非经济衰退时期设为 0($RECE=0$),引入经济衰退与股票收益率的交互项来研究经济衰退带来的影响。从表 5-10 中可以发现在组 A 中使用 LSV 羊群指标(HM),在组 B 中使用 BWW 羊群指标($ADJHM$),在组 C 中使用 FHW 羊群指标($H2^{qs}$)作为被解释变量。

在表 5-10 的组 A 中,笔者使用 Lakonishok 等(1992)提出的 LSV 羊群测度指标(HM)作为回归中的被解释变量,发现股票收益率对于基金羊群行为具有显著正向的影响作用,经济衰退和收益率的交互项显著为正,说明在经济衰退时期,股票收益率对于基金羊群行为的影响增强了。

在表 5-10 的组 B 中,笔者使用 Brown 等(2014)提出的 BWW 羊群度量指标($ADJHM$)作为被解释变量,发现股票收益率对于基金羊群行为产生显著的正向影响,同时经济衰退与股票收益率的交互项的系数为正,同样表明经济衰退会增强股票收益率对基金羊群行为的正向影响。

在表 5-10 的组 C 中,笔者使用 Frey 等(2014)的 FHW 羊群度量指标($H2^{qs}$)作为被解释变量,发现股票收益率对基金羊群行为系数显著为正,同时股票收益率与经济衰退的交互项显著为正,和上述分析一致,说明在经济衰退时期,股票收益率对羊群行为的影响会增强。通过对比三组分析结果可以发现,股票收益率对基金羊群行为存在显著正向的影响。在经济衰退时期,股市收益率对羊群行为的影响会增强。

表 5-10 股票收益率对基金羊群行为的影响作用:经济衰退

	组 A:HERD=HM		组 B:HERD=ADJHM		组 C:HERD=H2^{qs}	
	Model 1	Model 2	Model 3	Model 4	Model 5	Model 6
$HERD(-1)$	0.097***	0.109***	0.205***	0.212***	0.077***	0.084***
	(26.620)	(26.220)	(55.260)	(51.080)	(13.420)	(12.840)

续 表

	组 A：HERD=HM		组 B：HERD=ADJHM		组 C：HERD=H2^{qs}	
	Model 1	Model 2	Model 3	Model 4	Model 5	Model 6
RETURNS	0.005***	0.004***	0.085***	0.080***	0.001	0.002***
	(3.760)	(3.020)	(23.960)	(20.030)	(1.420)	(3.630)
RETURNS*RECE	0.010***	0.018***	−0.006	0.035***	0.003***	0.004***
	(3.760)	(6.380)	(−0.420)	(4.770)	(2.770)	(3.380)
DISP		−0.000 1		0.002		0.000 0
		(−0.250)		(1.230)		(0.090)
SIZE		0.002***		0.012***		−0.001***
		(10.690)		(15.130)		(−11.830)
DEBT		0.007***		−0.002		0.002***
		(6.080)		(−0.570)		(4.380)
BM		0.000 0		0.000 4***		0.000 0
		(1.520)		(3.270)		(0.640)
Constant	0.049***	0.013	0.063	−0.086**	0.007	0.018***
	(3.990)	(1.050)	(1.600)	(−2.070)	(1.570)	(3.800)
Industry FEs	YES	YES	YES	YES	YES	YES
R-square	0.014	0.026	0.055	0.070	0.012	0.027
Observation	125 926	95 198	125 926	95 198	124 637	94 971

注：表格中星号表示显著性水平，* 表示在10%的置信水平下显著，** 表示在5%的置信水平下显著，*** 表示在1%的置信水平下显著。括号内为 t 值，t 值采用基金个体层面聚类进行调整。

5.3.2 股票特质波动率对于基金羊群行为的实证分析

本小节建立的回归模型如下所示：

$$HERD_{i,t} = \beta_0 + \beta_1 HERD_{i,t-1} + \beta_2 IVOL_{i,t} + \beta_3 DIST_{i,t} + \beta_4 SIZE_{i,t} + \beta_5 DEBT_{i,t} + \beta_6 BM_{i,t} + \gamma_i + \varepsilon_{i,t} \tag{5.5}$$

其中，$HERD$ 是公募基金的羊群行为，笔者使用 LSV 羊群行为指标（HM）、BWW 羊群行为指标（$ADJHM$）和 FHW 羊群指标（$H2^{qs}$），其 $IVOL_{i,t}$ 是股票 i 在季度 t 中的特质波动率，$SIZE_{i,t}$ 是股票 i 在季度 t 末的市值。

$DEBT_{i,t}$ 是财务杠杆,定义为股票 i 在季度 t 末的资产负债比率。$BM_{i,t}$ 是股票 i 在季度 t 中的账面市值比。$DIST_{i,t}$ 是报告股票 i 在季度 t 中的一年每股盈余预测标准差。最后,γ_i 是行业固定效应。考虑到基金羊群行为与股票特质波动率可能存在双向影响而造成内生性问题,本小节使用动态面板回归模型。

表 5-11 基金羊群行为和股票特质波动率的格兰杰因果检验结果

	组 A: HERD=HM	组 B: HERD=ADJHM	组 C: HERD=H2^{qs}
VAR 格兰杰检验			
羊群行为不是特质波动率的格兰杰原因	0.000***	0.000***	0.071*
特质波动率不是羊群行为的格兰杰原因	0.000***	0.000***	0.013**

注:括号内的是统计量所对应的 P 值,格兰杰因果检验的滞后阶数由 AIC 准则选择。

表 5-11 通过 VAR 格兰杰因果检验显示了组 A、组 B 和组 C 采用 LSV 羊群测度指标(HM),BWW 的羊群指标($ADJHM$)和 FHW 羊群指标($H2^{qs}$)作为基金羊群行为的测度量时,股票特质波动率与他们因果关系的显著程度。组 A 中,该检验拒绝股票特质波动率不是羊群行为的格兰杰原因的假设。而在组 B 中,该检验拒绝股票特质波动率不是羊群行为的格兰杰原因的假设。此外,在组 C 中,该检验同样拒绝原假设,说明股票特质波动率与基金羊群行为互为因果,也表明了本小节使用动态面板回归模型进行估计的必要性。

表 5-12 股票特质波动率对基金羊群行为的影响作用

	组 A: HERD=HM		组 B: HERD=ADJHM		组 C: HERD=H2^{qs}	
	Model 1	Model 2	Model 3	Model 4	Model 5	Model 6
HERD(−1)	0.097***	0.108***	0.201***	0.211***	0.074***	0.084***
	(26.590)	(26.120)	54.720	(50.670)	(12.860)	(12.770)
IVOL	0.000 5	0.000 4	0.005***	0.003***	0.001***	0.000 4***
	(1.230)	(1.460)	(8.740)	(4.110)	(8.340)	(3.890)

续 表

	组 A：HERD=HM		组 B：HERD=ADJHM		组 C：HERD=H2^{qs}	
	Model 1	Model 2	Model 3	Model 4	Model 5	Model 6
$DISP$		−0.000 1		0.002		0.000
		(−0.330)		(1.120)		(−0.240)
$SIZE$		0.003***		0.014***		0.000 4
		(10.820)		(16.520)		0.175
$DEBT$		0.007***		−0.005		0.002***
		(5.860)		(−1.330)		(4.090)
BM		0.000		0.000 5***		0.000
		(1.620)		(3.390)		(0.790)
Constant	0.050***	0.009	0.078*	−0.121	0.005	0.015***
	(4.080)	(0.730)	(1.940)	(−2.790)	(1.040)	(3.100)
Industry FEs	YES	YES	YES	YES	YES	YES
R-square	0.014	0.024	0.050	0.063	0.014	0.026
Observation	125 905	95 195	125 905	95 195	124 616	94 968

注：表格中星号表示显著性水平，* 表示在 10% 的置信水平下显著，** 表示在 5% 的置信水平下显著，*** 表示在 1% 的置信水平下显著。括号内为 t 值，t 值采用基金个体层面聚类进行调整。

笔者利用公式(5.5)中的面板数据回归模型分析股票特质波动率对于基金羊群行为的影响。为了处理股票特质风险和基金羊群行为的内生性问题，笔者使用动态面板数据模型进行分析。在表 5-12 的组 A 中，笔者首先在回归中使用 LSV 羊群行为指标刻画公募基金的羊群行为(HM)。在所有的回归结果中，笔者发现美国股票特质波动率和公募基金的羊群行为之间具有正向的影响，但统计意义上并不显著。此外，在控制变量中，笔者发现股票市值和财务杠杆与羊群行为呈现显著正向的影响。

在表 5-12 的组 B 中，笔者采用 Brown 等(2014)的 BWW 羊群行为指标($ADJHM$)代替了 LSV 羊群行为指数(HM)并进行回归分析。笔者发现，在所有的模型中，股票特质波动率与公募基金的羊群行为呈现显著的正相关。说明股票特质波动率会放大公募基金的羊群行为的产生，股票特质波动率是产生公募基金的羊群行为的原因之一。在其他控制变量中，笔者发现股票的市值与账面市值比对于公募基金的羊群行为具有显著正向的影响。

在表5-12的组C中,笔者采用Frey等(2014)提出的FHW羊群指标($H2^{qs}$)作为羊群行为测度指标进行回归分析。同样,笔者发现,在组C的模型中,股票特质波动率与公募基金的羊群行为呈现显著的正相关,说明股票特质波动率是公募基金的羊群行为产生的原因之一。在其他控制变量中,笔者发现股票的账面市值比与公募基金的羊群行为具有显著正向的关系。

由三组结果可以看出,在美国市场,股票特质波动率对于公募基金的羊群行为存在显著的正向影响,说明股票特质波动率是影响公募基金的羊群行为的因素之一。然后与中国市场相比,美国市场上特质波动率的系数小于中国股票市场的回归结果。

为了进一步研究股票特质波动率对于基金羊群行为的影响,笔者将美国经济衰退时期设为1(2008—2009)($RECE=1$),非经济衰退时期设为0($RECE=0$),引入经济衰退与股票特质波动率的交互项来研究经济衰退带来的影响。表5-13中报告了研究结果,在组A中使用LSV羊群指标(HM),在组B中使用BWW羊群指标($ADJHM$),在组C中使用FHW羊群指标($H2^{qs}$)作为股票收益率的主要解释变量。

在表5-13的组A中,笔者使用Lakonishok等(1992)提出的LSV羊群测度指标(HM)作为回归中的被解释变量,发现股票特质波动率对于基金羊群行为的影响作用在统计意义上并不显著;经济衰退和特质波动率的交互项显著为正,说明在经济衰退时期,股票特质波动率对于基金羊群行为的正向影响加强了。

在表5-13的组B中,笔者使用Brown等(2014)的BWW羊群度量指标($ADJHM$)作为被解释变量,发现股票特质波动率对于基金羊群行为产生显著的正向影响,同时经济衰退与股票特质波动率的交互项的系数为正,同样表明在经济衰退时期,会增强股票特质波动率对基金羊群行为的影响。在表5-13的组C中,笔者使用Frey等(2014)的FHW羊群度量指标($H2^{qs}$)作为被解释变量,发现股票特质波动率对基金羊群行为系数显著为正,同时股票收益率与经济衰退的交互项系数为负,但在统计意义上并不显著。

通过对比三组分析结果可以发现,股票特质波动率对基金羊群行为存在显著正向的影响。在经济衰退时期,股票特质波动率对羊群行为的影响会增强。

表 5-13　股票特质波动率对基金羊群行为的影响作用：经济衰退

	组 A：HERD=HM		组 B：HERD=ADJHM		组 C：HERD=H2^{qs}	
	Model 1	Model 2	Model 3	Model 4	Model 5	Model 6
HERD(−1)	0.098***	0.109***	0.199***	0.208***	0.073***	0.084***
	(26.620)	(26.150)	(54.440)	(50.200)	(12.820)	(12.720)
IVOL	−0.001	0.000 1	0.004***	0.002*	0.001***	0.000 5***
	(−0.880)	(0.250)	(5.240)	(1.670)	(8.150)	(4.190)
IVOL*RECE	0.001***	0.001**	0.008***	0.011***	−0.000 2	−0.000 2
	(3.810)	(2.290)	(13.950)	(14.640)	(−1.580)	(−1.590)
DISP		−0.000 1		0.002		0.000 0
		(−0.310)		(1.200)		(−0.260)
SIZE		0.003***		0.013***		−0.001***
		(10.720)		(15.790)		(−8.910)
DEBT		0.007***		−0.005		0.002***
		(5.820)		(−1.520)		(4.120)
BM		0.000 0		0.000 5***		0.000 0
		(1.590)		(3.410)		(0.800)
Constant	0.051***	0.011	0.088**	−0.098	0.004	0.014***
	(4.170)	(0.820)	(2.200)	(−2.280)	(0.980)	(3.030)
Industry FEs	YES	YES	YES	YES	YES	YES
R-square	0.014	0.025	0.052	0.066	0.014	0.026
Observation	125 905	95 195	125 905	95 195	124 616	94 968

注：表格中星号表示显著性水平，* 表示在 10% 的置信水平下显著，** 表示在 5% 的置信水平下显著，*** 表示在 1% 的置信水平下显著。括号内为 t 值，t 值采用基金个体层面聚类进行调整。

5.3.3　股票联动性对于基金羊群行为的实证分析

本小节建立的回归模型如下所示：

$$HERD_{i,t} = \beta_0 + \beta_1 HERD_{i,t-1} + \beta_2 RSQ_{i,t} + \beta_3 DIST_{i,t} + \beta_4 SIZE_{i,t} \\ + \beta_5 DEBT_{i,t} + \beta_6 BM_{i,t} + \gamma_i + \varepsilon_{i,t} \tag{5.6}$$

其中，$HERD$ 是公募基金的羊群行为，笔者使用 LSV 羊群行为指标

(HM)、BWW 羊群行为指标($ADJHM$)和 FHW 羊群指标($H2^{qs}$),其 $RSQ_{i,t}$ 是股票 i 在季度 t 中的股票联动性,$SIZE_{i,t}$ 是股票 i 在季度 t 末的市值。$DEBT_{i,t}$ 是财务杠杆,定义为股票 i 在季度 t 末的资产负债比率。$BM_{i,t}$ 是股票 i 在季度 t 中的账面市值比。$DIST_{i,t}$ 是报告股票 i 在季度 t 中的每股盈余预测标准差。最后,γ_i 指的是行业固定效应。考虑到基金羊群行为与股票联动性可能存在双向影响而造成内生性问题,本小节使用动态面板回归模型。

表 5-14 基金羊群行为和股票特质波动率的格兰杰因果检验结果

	组 A: HERD=HM	组 B: HERD=ADJHM	组 C: HERD=$H2^{qs}$
VAR 格兰杰检验			
羊群行为不是股票联动性的格兰杰原因	0.000***	0.000***	0.000***
股票联动性不是羊群行为的格兰杰原因	0.002***	0.000***	0.000***

注:括号内的是统计量所对应的 P 值,格兰杰因果检验的滞后阶数由 AIC 准则选择。

表 5-14 通过 VAR 格兰杰因果检验,显示了组 A、组 B 和组 C 采用 LSV 羊群测度指标(HM),BWW 的羊群指标($ADJHM$)和 FHW 羊群指标($H2^{qs}$)作为基金羊群行为的测度量时,股票联动性与他们因果关系的显著程度。组 A 中,该检验拒绝股票联动性不是羊群行为的格兰杰原因的假设。而在组 B 中,该检验拒绝股票联动性不是羊群行为的格兰杰原因的假设。此外,在组 C 中,该检验同样拒绝原假设,说明股票联动性与基金羊群行为互为因果,也表明了本文使用动态面板回归模型进行估计的必要性。

表 5-15 股票联动性对基金羊群行为的影响作用

	组 A:HERD=HM		组 B:HERD=ADJHM		组 C:HERD=$H2^{qs}$	
	Model 1	Model 2	Model 3	Model 4	Model 5	Model 6
$HERD(-1)$	0.096***	0.106***	0.165***	0.211***	0.069***	0.082***
	(26.350)	(25.650)	(25.880)	(32.390)	(11.960)	(12.340)

续 表

	组 A：HERD=HM		组 B：HERD=ADJHM		组 C：HERD=H2^{qs}	
	Model 1	Model 2	Model 3	Model 4	Model 5	Model 6
RSQ	−0.001***	−0.002***	−0.004***	−0.001	−0.002***	−0.001***
	(−4.990)	(−10.080)	(−7.260)	(−1.520)	(−19.630)	(−13.080)
DISP		−0.000 2		0.002		0.000
		(−0.440)		(1.230)		(−0.270)
SIZE		0.003***		0.012***		0.000 2
		(13.750)		(15.120)		(0.980)
DEBT		0.007***		−0.004		0.002***
		(5.860)		(−1.190)		(4.200)
BM		0.000*		0.000 4***		0.000
		(1.770)		(3.360)		(0.830)
Constant	0.047***	0.000	0.084	−0.087	0.002	0.012**
	(3.740)	(−0.040)	(2.060)	(−2.020)	(0.510)	(2.470)
Industry FEs	YES	YES	YES	YES	YES	YES
R-square	0.014	0.026	0.051	0.063	0.020	0.029
Observation	125 905	95 195	125 905	95 195	124 616	94 968

注：表格中星号表示显著性水平，* 表示在10%的置信水平下显著，** 表示在5%的置信水平下显著，*** 表示在1%的置信水平下显著。括号内为 t 值，t 值采用基金个体层面聚类进行调整。

实证结果如表5-15所示。笔者对三个羊群行为测度指标分别进行回归。在表5-15的组A中，笔者首先使用Lakonishok等(1992)提出的LSV羊群测度指标（HM）作为两个不同回归模型（有控制变量和无控制变量）的羊群行为测度指标。在模型(1)中，实证结果表明股票联动性对于公募基金的羊群行为有着显著负向的影响，羊群行为滞后项是显著为正的。在模型(2)中，笔者加入其他控制变量来研究羊群行为是否受到其他因素的影响，同时观察股票联动性是否仍然显著。通过实证结果，笔者可以观察到股票联动性仍然对公募基金的羊群行为有着显著负向的影响。研究结果表明股票联动性确实是影响羊群行为产生的原因之一。此外，笔者还可以注意到股票的市值规模和财务杠杆对于公募基金的羊群行为有显著的负向影响，说明市值规模大的股票更容易受到公募基金的羊群行为的影响，这与在中国市场的结论是相反的。

在表 5-15 的组 B 中,笔者使用 Brown 等(2014)提出的 BWW 的羊群指标($ADJHM$)作为两个不同回归模型(有控制变量和无控制变量)的羊群行为测度指标。同样,在模型(3)中,实证结果表明股票联动性对于公募基金的羊群行为有着显著负向的影响。在模型(4)中,加入其他控制变量进行研究,结果表明股票联动性对于公募基金的羊群行为有着负向的影响,但在统计学意义上结果不显著。另外,笔者可以注意到股票的市值和账面市值比对公募基金的羊群行为有显著正向的影响。

在表 5-15 的组 C 中,笔者使用 Frey 等(2014)提出的 FHW 羊群指标($H2^{qs}$)作为两个不同回归模型(有控制变量和无控制变量)的羊群行为测度指标。在模型(5)中,实证结果表明股票联动性对于公募基金的羊群行为有显著负向的影响。在模型(6)中,加入其他控制变量后,股票联动性对于公募基金的羊群行为仍然是显著负向的影响,与前面组 A 的结果相一致。

由三组结果可以看出,在美国市场,股票联动性对于公募基金的羊群行为存在显著的负向影响,说明股票联动性是影响公募基金的羊群行为的因素之一。然后与中国市场相比,美国市场上股票联动性的影响系数比中国股票市场小很多。

为了进一步研究股票联动性对基金羊群行为的影响,笔者将美国经济衰退时期设为 1(2008—2009)($RECE=1$),非经济衰退时期设为 0($RECE=0$),引入经济衰退与股票联动性的交互项来研究经济衰退带来的影响。表 5-16 中展示了研究结果,在组 A 中使用 LSV 羊群指标(HM),在组 B 中使用 BWW 羊群指标($ADJHM$),在组 C 中使用 FHW 羊群指标($H2^{qs}$)作为模型的被解释变量。

在表 5-16 的组 A 中,笔者使用 Lakonishok 等(1992)提出的 LSV 羊群测度指标(HM)作为回归中的被解释变量,发现股票联动性对于基金羊群行为具有显著的负向影响作用,经济衰退和股票联动性的交互项显著为负,说明在经济衰退时期,股票联动性对于基金羊群行为的负向影响会加强。在表 5-16 的组 B 中,笔者使用 Brown 等(2014)的 BWW 羊群度量指标($ADJHM$)作为被解释变量,发现股票联动性对于基金羊群行为产生显著的负向影响,但经济衰退与股票联动性的交互项在统计意义上并不显著。在表 5-16 的组 C 中,笔者使用 Frey 等(2014)的 FHW 羊群度量指标($H2^{qs}$)作为被解释变量,发现股票联动性对基金羊群行为系数显著为负,同时股票联动性与经济衰退的交互项的系数显著为负,说明在经济衰退时期,股票联动性对羊群行为的负向影响增加了。

通过对比三组分析结果可以发现,股票联动性对基金羊群行为存在显著负向的影响。在经济衰退时期,股市联动性对羊群行为的影响会增强。

表 5-16 股票联动性对基金羊群行为的影响作用:经济衰退

	组 A: HERD=HM		组 B: HERD=ADJHM		组 C: HERD=H2^{qs}	
	Model 1	Model 2	Model 3	Model 4	Model 5	Model 6
$HERD(-1)$	0.096***	0.106***	0.165***	0.210***	0.069***	0.082***
	(26.370)	(25.690)	(25.700)	(50.550)	(11.950)	(12.350)
RSQ	−0.001***	−0.002***	−0.004***	−0.001*	−0.002***	−0.001***
	(−3.860)	(−8.870)	(−7.160)	(−1.830)	(−18.200)	(−12.100)
$RSQ*RECE$	−0.002***	−0.003***	0.000 5	0.003	−0.001***	−0.001***
	(−4.850)	(−5.370)	(0.510)	(1.550)	(−4.660)	(−2.800)
$DISP$		−0.000 2		0.002		0.000 0
		(−0.430)		(1.260)		(−0.260)
$SIZE$		0.003***		0.013***		−0.001***
		(14.170)		(15.640)		(−7.920)
$DEBT$		0.007***		−0.004		0.002***
		(5.720)		(−1.310)		(4.130)
BM		0.000 0*		0.000 4***		0.000 0
		(1.840)		(3.370)		(0.860)
Constant	0.047***	−0.001	0.085**	−0.091**	0.003	0.011**
	(3.790)	(−0.100)	(2.090)	(−2.100)	(0.590)	(2.440)
Industry FEs	YES	YES	YES	YES	YES	YES
R-square	0.014	0.026	0.051	0.064	0.021	0.029
Observation	125 905	95 195	125 905	95 195	124 616	94 968

注:表格中星号表示显著性水平,* 表示在 10% 的置信水平下显著,** 表示在 5% 的置信水平下显著,*** 表示在 1% 的置信水平下显著。括号内为 t 值,t 值采用基金个体层面聚类进行调整。

第 6 章
结论和政策建议

6.1 主要研究结论

6.1.1 我国公募基金的羊群行为对于股票市场的影响

以往的不少研究发现,公募基金的投资存在较为严重的羊群行为,公募基金的羊群行为在一定程度上会对股票的收益、风险及其他相关特征产生影响。本书在第 1 章中详细阐述了我国公募基金的发展历程,相关改革和现状。

本书在第 2 章中阐述了公募基金的羊群行为的含义及其成因,对于公募基金的羊群行为的测度指标,主要选取了三种测度方法:包括 LSV 羊群行为指标 (Lakonishok et al., 1992)、Brown 等(2014)提出的 BWW 羊群行为指数以及 Frey 等(2014)提出 FHW 羊群行为指标。实证结果发现基金羊群行为在我国显著存在。

本书在第 3 章以中国市场上的公募基金为样本,研究了我国公募基金的羊群行为对于股票市场的影响。

在我国公募基金的羊群行为对股票收益率影响的研究方面,本书选取当前半年的羊群行为测度作为自变量,下一个半年的股票收益率作为因变量进行研究,同时还加入了股票其他的财务指标和交易指标等作为控制变量,包括未来一年盈利预测标准差、换手率、股票市值、财务杠杆和账面市值比等。研究结果表明,公募基金的羊群行为对于股票收益率存在显著正向的影响。基于研究样本之间存在的异质性,笔者对样本进行异质性分析。首先,考虑到基金持股比例的不同可能会影响基金羊群行为对于股票未来收益的影响,将样本组分为低基金持股比例样本组和高基金持股比例样本组，研究结果表明更高的基金持股比例会对股票收益产生更大程度的正向影响；考虑到我国基金市场的发展特点，以中国市场股权分置改革结束（2012年）为结点，将样本分为两个不同时间跨度的区间，研究结果表明在不同时间跨区内，公募基金的羊群行为对于股票收益率的影响结果不同；由于股票市场的崩盘可能会导致基金羊群行为对股票收益率的影响不同，将样本划分为股票市场崩盘时期（2008年、2009年和2015年）和非崩盘时期，研究结果表明在股票市场崩盘时期，羊群行为对于股票收益率的影响并不是那么明显，在非崩盘时期，羊群行为对于股票收益率依然存在显著正向的影响。另外，笔者发现在经济扩张期间，公募基金的羊群行为对于股票收益率有着更大的影响。

此外，在基金羊群行为对股票风险的研究中，类似地，本书选取当前半年的羊群行为测度作为自变量，下一半年的股票特质波动率作为因变量进行研究，并加入同样的控制变量来控制股票在市场和自身财务方面的因素。研究结果表明，公募基金的羊群行为与股票未来特质波动率之间存在显著正向的关系。基于研究样本之间的异质性，笔者同样对样本进行了分样本研究。首先，在不同持股比例的分样本研究中，本书发现在高基金持股比例的样本中，公募基金的羊群行为对于股票特质波动率会产生更大的显著正向的影响；在不同时间跨度的样本分析中，笔者发现在2012年之后，羊群行为对于股票未来特质波动率具有更加显著并且程度更大的正向影响；在考虑股票市场不同情况时，笔者发现股票市场崩盘期间，公募基金的羊群行为对于股票特质波动率有着更加大的显著正向影响，股票市场崩盘加剧了羊群行为对于股票特质波动率的影响；此外，笔者发现在经济扩张期间，公募基金的羊群行为对于股票特质波动率有着更大的影响。

此外，在基金羊群行为对股票联动性的研究中，本书选取当前半年的羊群行为测度作为自变量，下一半年的股票联动性作为因变量进行研究，并加入同样的控制变量来控制股票其他方面的影响因素。研究结果表明，公募基金的羊群行为与未来股票联动性存在显著负向的影响。考虑到股票之间的异质性，本书进行了分样本检验。在不同基金持股比例的股票中，公募基金的羊群行为对于高基金持股比例的股票联动性具有更强的负向影响；在不同时间跨度的分样本研究中，研究结果表明在中国市场取消交易限制后，市场的流通性增加了羊群行为的影响，在2012年之后，公募基金的羊群行为对于未来股票联动性产生了更大的负向影响并减少了未来股票联动性;此外,笔者发现股票市场崩盘减弱了羊群行为对于股票联动性的负向影响;在经济发展不同时期的分样本研究中,不管在经济发展还是经济衰退的时期,公募基金的羊群行为都会对股票联动性产生负向的影响。

综上所述,本书从股票收益率、股票风险和股票联动性角度研究了羊群行为对其的影响,并根据样本的异质性进行了分样本研究,结果均为显著。

6.1.2 我国公募基金的羊群行为的成因

本书在第 4 章中主要研究我国公募基金的羊群行为的成因。和第 3 章类似,对于公募基金的羊群行为的测度指标,第 4 章也选取了三种测度方法:包括 LSV 羊群行为指标(Lakonishok et al.,1992)、笔者还使用了 Brown 等人提出的 BWW 羊群行为指数(Brown et al.,2014)以及 Frey 等(2014)提出的 FHM 羊群行为的指标。由于要处理模型可能存在的内生性问题,本书使用动态面板数据模型对股票收益率、股票波动率和股票联动性对公募基金的羊群行为的影响进行分析。

在股票个股收益率对基金羊群行为的研究方面,本书选取当前半年的股票收益率作为自变量,同期半年的羊群行为测度作为因变量进行研究,同时还加入了股票其他的财务指标和交易指标等作为控制变量,包括未来一年盈利预测标准差、换手率、股票市值、财务杠杆和账面市值比等。研究结果表明,股票收益率对于公募基金的羊群行为存在显著正向的影响。

基于研究样本之间存在的异质性,笔者对样本进行了不同的划分进行研究。首先,在分样本研究中,考虑到在不同基金持股比例下股票收益对于基金羊群行为产生的影响,本书将样本组分为低基金持股比例样本组和高基金持股比例样本组,研究结果表明在不同基金持股比例下的股票,股票收益率对羊群行为的影响程度不同;考虑到我国基金市场的发展特点。同样,以我国股权分置改革(2012)为结点,将样本分为两个不同时间跨度的区间,研究结果表明在 2012 年之后,股票收益率对于公募基金的羊群行为具有更强的正向作用;最后,考虑到近年来国际环境日益复杂,经济不确定性增大,笔者引入经济政策不确定性(EPU)和不确定指标(UI)来研究经济不确定对于羊群行为的影响,研究结果表明经济不确定性对于公募基金的羊群行为具有显著负向的影响。

在股票特质波动率对基金羊群行为的研究中,笔者选取当前半年的股票特质波动率作为自变量,同期半年的羊群行为测度作为因变量进行研究,并加入同样的控制变量来控制股票在市场和财务方面的信息。研究结果表明,股票特质波动率与公募基金的羊群行为之间存在显著正向的关系,股票特质波动率是公募基金的羊群行为产生的因素之一。

基于样本之间的异质性,笔者对样本进行了异质性分析。首先,在不同基金持股比例的分样本研究中,笔者发现在高基金持股比例的样本中,股票特质波动率对于公募基金的羊群行为会产生更大的显著正向的影响;在不同时间跨度的样本分析中,笔者发现在2012年之后,股票特质波动率对于羊群行为具有更加显著并且程度更大的正向影响;为了进一步验证股票特质波动率对于基金羊群行为的正向作用,本书引入经济不确定性来研究外部不确定性冲击的影响,研究结果表明经济不确定性与羊群行为之间具有显著负向的影响。

在股票联动性对基金羊群行为的研究中,本书选取当前半年的股票联动性作为自变量,当期半年的羊群行为测度作为因变量进行研究,并加入同样的控制变量来控制股票其他方面的影响因素。研究结果表明,股票联动性与公募基金的羊群行为存在显著负向的影响,股票联动性是公募基金的羊群行为形成的因素之一。

考虑到股票之间的异质性,进行了分样本检验。在不同基金持股比例的股票中,高基金持股比例的股票减少了股票联动性对于公募基金的羊群行为的抑制性;在不同时间跨度的分样本研究中,研究结果表明在中国市场取消交易限制后,市场的流通性增加了羊群行为的影响,在2012年之后,股票联动性对于公募基金的羊群行为产生了更大的负面影响,减少了公募基金的羊群行为;引入经济政策的不确定性,研究结果表明经济政策的不确定性对羊群行为产生了负面的影响。

综上所述,本书从股票收益率,股票特质波动率和股票联动性的角度研究了羊群行为产生的原因,结果均为显著,说明股票收益率、股票特质波动率和股票联动性是羊群行为产生的因素。

6.1.3 公募基金的羊群行为的中美比较研究

本书的第3、4章以中国市场的样本研究了我国公募基金的羊群行为对于股票市场的影响和羊群行为形成的因素。本书第5章则选取了美国市场的样本来进行对比研究。美国公募基金的羊群行为的测度指标与研究我国公募基金的羊群行为的测度指标保持一致,考虑到美国市场上的基金每个季度都会披露持股信息,所以在本章中把数据频率改为季度。

在基金羊群行为对美国股票市场的研究方面,首先是羊群行为对股票收益率的影响,本书选取当前季度的羊群行为测度作为自变量,下一个季度的股票收益率作为因变量进行研究,同时还加入了股票其他的财务指标和交易指标等作为控制变量,包括未来一年盈利预测标准差、换手率、股票市值、财务杠杆和账面市值比等。研究结果表明,公募基金的羊群行为对于股票收益率存在显著正向的影响。这与中国市场的结论相一致,然而与中国市场相比,美国市场公募基金的羊群行为对于股票收益率的影响要小得多。在基金羊群行为对美国股票风险的研究中,同样选取当前季度的羊群行为测度作为自变量,下一季度的股票特质波动率作为因变量进行研究,并加入同样的控制变量来控制股票在市场和自身财务方面的因素。研究结果表明,公募基金的羊群行为与股票未来特质波动率之间存在显著正向的关系。这与中国市场的结论相一致。在羊群行为对股票联动性的研究中,选取当前季度的基金羊群行为作为自变量,下一季度的股票联动性测度作为因变量进行研究,并加入同样的控制变量来控制股票其他方面的影响因素。研究结果表明,公募基金的羊群行为与股票联动性存在显著负向的影响。这与中国市场的结论相一致。

在美国基金羊群行为形成因素的研究方面,首先是股票个股收益率对基金羊群行为的研究,同样选取当前季度的股票收益率作为自变量,当前季度的羊群行为测度作为因变量进行研究,同时还加入了股票其他的财务指标和交易指标等作为控制变量,有未来一年盈利预测标准差、换手率、股票市值、财务杠杆和账面市值比等。研究结果表明,股票收益率对于公募基金的羊群行为存在显著正向的影响,说明股票收益率也是美国公募基金的羊群行为形成的因素之一。在股票个股风险对羊群行为的研究中,选取当前季度的股票特质波动率作为自变量,当前季度的羊群行为测度作为因变量进行研究,并加入同样的控制变量来控制股票在市场和自身财务方面的因素。研究结果表明,股票特质波动率与公募基金的羊群行为与之间存在显著正向的关系,说明股票特质波动率也是美国公募基金的羊群行为产生的因素之一。在股票收益协同性对羊群行为的研究中,选取当前季度的股票联动性测度作为自变量,同期季度羊群行为测度作为因变量进行研究,并加入同样的控制变量来控制股票其他方面的影响因素。研究结果表明,股票联动性与公募基金的羊群行为存在显著负向的影响,股票联动性也是美国公募基金的羊群行为形成的因素之一。

综上所述,笔者将中国市场的公募基金的羊群行为和美国市场的公募基金的羊群行为进行了对比,在同样的研究中,中国市场和美国市场的结论是一致的,只是在变量影响的显著性上有所差异,这表明在发达股票市场和新兴市场中,基金羊群行为对于股票市场的影响及其成因的研究结果是一致的。

6.2 政策建议

针对我国公募基金的羊群行为对于股票市场的表现所产生的影响,本书有如下一些政策建议。

6.2.1 改善证券投资基金的外部环境和监管

(1) 完善市场监管体系,加强信息披露制度

我国股票市场自建成以来,经过30年的发展,有了巨大的进步,然而与其他发达国家的证券市场相比,发展仍有不成熟的地方。本书通过对中美两个市场公募基金的羊群行为的实证研究发现,尽管两个市场的研究结果是一致的,然而在美国市场上,公募基金的羊群行为对于股票市场的影响总体来言要小于中国,这与美国市场更加健全的市场监管体系和披露制度不无关系,使得市场更加有效。

在我国股票市场,需要加强我国证券市场的信息披露制度,减少信息的不确定性,杜绝虚假信息,增加交易的透明度。完善股市的相关法律法规。推行证券发行注册制,引入市场竞争,提高上市公司质量。在市场的激烈竞争中,只有具有真正实力的上市公司,才能经受住市场的大浪淘沙,进而提高市场的有效性。加大市场监督,减少行政干预。适当降低政府对证券市场的干预程度,利用市场自动调节资源的有效配置。此外,政府可以出台相关政策,依靠其政策的内在价值影响股市。同时,政府减少干预并不意味着降低监管力度,反而应该更加严格。进一步强化对市场依法监管的力度,防止一些机构或组织利用某个政策信息煽动投资者,扰乱股市交易秩序。

(2) 增加交易手段,完善退市机制

目前中国市场的交易形式比较单一,还是一个单边交易的股票市场,只有在股票上涨时,证券投资基金才能够收获收益,而当股票下跌时,基金的交易手段较为欠缺。在这种制度下,机构投资者只能对估值水平较低或者相对容易受到市场投资理念认同、股价具有上涨潜力的股票进行购入,并且卖出价值被高估的股票,从而更容易产生羊群行为。近几年来,中国市场不断推出指数期权,使得交易手段得到了一定程度的提升,然而与发达国家品种更多的交易产品相比,中国市场仍需增加更多可以用于对冲的产品和交易手段。

在我国股票市场,需要完善退市机制的实施力度,强有力的退市制度能够保证市场内股票的质量,从根本上保护投资者的权益。目前中国市场上,股票质量良莠不齐、优质的公司仍然不多。这就导致那些优质的但数量不多的股票成为机构投资者首选的目标,加剧了市场上的羊群行为。目前我国市场的退市力度不严,市场上仍充斥着不少"妖股""垃圾股"被机构用来进行炒作。我国市场还需要加强这一方面的管控力度。

(3) 重视中小投资者教育

在美国等发达国家市场上,机构投资者占据了主要的地位,然而在我国证券市场中,中小投资者,也就是常说的"散户"占比较大,远远多于机构投资者。相比于机构投资者,中小投资者往往缺乏专业知识,容易出现追涨杀跌等非理性的交易操作,此时,再根据从市场、机构等获取的信息进行跟风投资,会加剧羊群行为的产生。

由此看出,有必要重视中小投资者的专业知识教育,让中小投资者了解基础的金融专业知识,加强风险防范的意识,构建长期投资的理念,逐步成为成熟的投资者,促进中国市场健康良性发展。同时,还可以针对投资者不同的风险承担程度及投资偏好、不同文化程度提供个性化定制的金融产品。

6.2.2 解决证券投资基金的内部人控制问题

(1) 抑制道德风险

道德风险是指在信息不对称的条件下,经济主体可以在最大化自身效用的同时,做出不利于他人的行动。在证券市场上,中小投资者、机构投资者、市场监管者、政府之间都存在着信息不对称的情况。抑制道德风险,需要建立行之有效的监督机制。基金运作主要涉及所有权、经营权和监督权,想要形成有效的内部分权制衡体系,需要完善基金管理公司的法人治理结构,使得三方权利完全分离,来避免道德风险的发生。同时,道德风险发生的主观因素是基金经理人为追求更高收益而发生的行为,因此建立一套合理的基金经理利益激励机制,可以在一定程度上降低道德风险的发生。

(2) 加强职能监管

近几年我国基金市场得到快速发展,基金规模和数量从2015年后得到了快速发展,随着基金爆炸式的增加,与之相对应的高质量的基金托管人就显得非常稀缺。增强基金托管人的权利,有利于基金托管人履行法定的监督义务,加强职能监管,一方面可以使基金的监管更加直接,另一方面也减少了政府的直接行政干预,将直接的监管控制权交给基金托管人,政府以间接调控的角色出现。

(3) 优化基金收费结构

目前,我国证券市场上基金的管理费中固定管理费占比较大。固定管理费用与基金的业绩不挂钩,因此,可以将固定管理费率降低,提高业绩报酬对于管理费的影响,可以激励基金经理取得更好的业绩,同时即使基金业绩不佳,对于投资者也可以降低成本。

6.2.3 建立一个完整的证券投资基金评价体系

我国证券市场相比于发达国家市场有许多地方显得不够成熟,所以在发展的过程中,不少制度体系都是以发达国家市场为模板进行参考。发达国家市场的体系制度相对成熟,具有很大的参考性,然而,生搬硬套到中国市场是不合适的。应通过借鉴的方式,结合中国市场的实际情况,遵循科学的原则建立适合中国市场的证券投资基金评价体系。

(1) 建立综合基金评价体系

目前我国的基金评价体系,基金业绩是衡量基金经理人专业水平高低的最主要的一个标准,通过基金业绩的排名来衡量基金经理人的专业水平高低,同时这样注重业绩的排名会让投资者和基金经理忽视基金的长期投资价值。从羊群行为的产生原因来看,大部分的羊群行为来自基金经理人对自身声誉的考虑或者对报酬的考虑,模仿其他人的行为不会使其名誉或报酬受损。目前我国市场依靠基金业绩排名来衡量一个基金经理人专业水平高低的标准就会在一定程度上导致基金经理人之间的相互模仿或者放弃自身信息的行为。因此,笔者认为应该从多角度出发,建立一个综合的基金评价体系,考虑到短期的基金业绩表现的同时也要兼顾基金长期的综合业绩表现。同时也可以从多维度来分析排名,例如基金的风险水平、基金的业绩持续性等维度建立一个综合化的证券投资基金评价体系,这样可以更有效真实的体现一个基金经理人的专业水平,使得基金经理人不再因为个别指标冲业绩而放弃自身的信息或者相互模范,减少频繁交易,投机行为的产生。

(2) 建立独立的专业评级机构

发达国家市场有不少专业的评级机构,例如晨星等评级机构,给予投资者投资指导。我国市场也需要建立独立,专业化的基金评级机构,改变市场上有内部人员参与构成的基金评级"人为操作"等可能存在的违法行为。评级机构需要具有专业的,多领域的人员进行分析,从长期业绩、短期业绩、风险控制等多维度来对基金做出评价;同时,评价机构需要与证券公司和其他机构相独立,保证基金评级的公平、公正。一个良好、公正的基金评级可以更好地推动基金的发展。

参考文献

1. Ahir, H., Bloom, N., Furceri, D., 2022. The world uncertainty index, NBER Working Papers 29763, National Bureau of Economic Research, Inc.
2. Anton, M., Polk, C., 2014. Connected stocks. Journal of Finance 69(3), 1099–1127.
3. Avery, C., Zemsky, P., 1998. Multidimensional uncertainty and herd behavior in financial Markets, American Economy Review, 88(4), 724–748.
4. Bali T. G., Cakici, N., 2004. Value at risk and expected stock returns, Financial Analysts Journal, 60(2), 57–73.
5. Baker, S., Bloom, N., Davis, S., 2016. Measuring economic policy uncertainty. Quarterly Journal of Economics, 131(4), 1595–1636.
6. Banerjee, A. V., 1992. A simple model of herd behavior. Quarterly Journal of economics, 107(3), 797–817.
7. Barberis, N., Shleifer, A., Wurgler, J., 2005. Comovement. Journal of Financial Economics 75(2), 283–317.
8. Bikhchandani, S., Hirshleifer, D., Welch, I., 1992. A theory of fads, fashion, custom, and cultural change as informational cascades. 100(5), 992–1026.
9. Bikhchandani, S., Sharma, S., 2001. Herd behavior in financial market, IMF Staff Papers, 47, 279–310.
10. Bollerslev, T., 1990. Modelling the coherence in short-run nominal exchange rates: A multivariate Generalized ARCH Model. Review of

Economics and Statistics 72(3), 498–505.

11. Brown, C., Wei, K., Wermers, R., 2014. Analyst recommendations, mutual fund herding and overreaction in stock prices. Management Science 60(1), 1–20.

12. Chan, K., Hameed, A., 2006. Stock price synchronicity and analyst coverage in emerging markets. Journal of Financial Economics 80(1), 115–147.

13. Chang, C. H., Lin, S. J., 2015. The effects of national culture and behavioral pitfalls on investors' decision-making: Herding behavior in international stock markets. International Review of Economics and Finance 37(C), 380–392.

14. Choi, N., Skiba, H., 2015. Institutional herding in international markets. Journal of Banking and Finance 55(C), 246–259.

15. Clement, M. B., Tse, S. Y., 2005. Financial analyst characteristics and herding behavior in forecasting. Journal of Finance 60(1), 307–341.

16. Coval, J., Stafford, E., 2007. Asset fire sales (and purchases) in equity markets. Journal of Financial Economics 86(2), 479–512.

17. De Bondt, W. F. M., Teh, L. L., 1997. Herding behavior and stock returns: An exploratory investigation. Swiss Journal of Economics and Statistics 133(2/2), 293–324.

18. De Long, J., Shleifer, A., Summers, L., Waldmann, R., 1990. Noise trader risk in financial markets. Journal of Political Economy 98(4), 703–738.

19. DeVault, L., Sias, R., Starks, L., 2019. Sentiment metrics and investor demand. Journal of Finance 74(2), 985–1024.

20. Devenow, A., Welch, I., 1996. Rational herding in financial economics. European Economic Review 40(3–5), 603–615.

21. Durnev, A., Morck, R., Yeung, B., 2001. Does firm-specific information in stock prices guide capital allocation?, NBER Working Papers 8093, National Bureau of Economic Research, Inc.

22. Economou, F., Gavriilidis, K., Kallinterakis, V., Yordanov, N., 2015. Do fund managers herd in frontier markets—and why. International Review of Financial Analysis 40(C), 76 – 87.

23. Engle, R., 2002. Dynamic conditional correlation: A simple class of multivariate generalized autoregressive conditional heteroskedasticity models. Journal of Business & Economic Statistics 20(3), 339 – 350.

24. Eun, C. S., Huang, W., 2007. Asset pricing in China's domestic stock markets: Is there a logic? Pacific-Basin Finance Journal 15(5), 452 – 480.

25. Fahey, M., Chemi, E., 2015. Three charts explaining China's strange stock market. CNBC report.

26. Faias, J. A., Ferreira, M. A., 2017. Does institutional ownership matter for international stock return comovement? Journal of International Money and Finance 78(C), 64 – 83.

27. Fama, E. F., French, K. R., 1993. Common risk factors in the returns on stocks and bonds. Journal of Financial Economics 33(1), 3 – 56.

28. Fenzl, T., Pelzmann, L., 2012. Psychological and social forces behind aggregate financial market behavior. Journal of Behavioral Finance, 13(1), 56 – 65.

29. Frey, S., Herbst, P., Walter, A., 2014. Measuring mutual fund herding—A structural approach. Journal of International Financial Markets, Institutions and Money, 32(9), 219 – 239.

30. Froot, K. A., Scharfstein, D. S., Stein, J. C., 1992. Herd on the street: Informational inefficiencies in a market with short-term speculation. Journal of Finance 47(4), 1461 – 1484.

31. Greenwood, R., 2008. Excess comovement: Evidence from cross-sectional variation in Nikkei 225 weights. Review of Financial Studies 21(3), 1153 – 1186.

32. Grinblatt, M, Titman, S, Wermers, R., 1995. Momentum investment strategies, portfolio performance and herding: A study of mutual fund behavior. American Economic Review 88(5), 1088 – 1105.

33. Griffin, J. M., Harris, J. H., Topaloglu, S., 2003. The dynamics of institutional and individual trading. Journal of Finance 58(6), 2350–2385.

34. Hameed, A., Morck, R., Shen, J., Yeung, B., 2015. Information, analysts, and stock return comovement. Review of Financial Studies 28(11), 3153–3187.

35. Hirshleifer, D., Subrahmanyam, A., Titman, S., 1994. Security analysis and trading patterns when some investors receive information before others. Journal of Finance 49(5), 1665–1698.

36. Hsieh, S., 2013. Individual and institutional herding and the impact on stock returns: Evidence from Taiwan stock market. International Review of Financial Analysis 29(C), 175–188.

37. Hutton, Amy, P., Marcus, A. J., Tehranian, H., 2009. Opaque financial reports, R2, and crash risk, Journal of Financial Economics, 94(1), 67–86.

38. Hung, W., Lu, C., Lee, C., 2010. Mutual fund herding its impact on stock returns: Evidence from the Taiwan stock market. Pacific-Basin Finance Journal 18(5), 477–493.

39. Hudson, Y., Yan, M., Zhang, D., 2020. Herd behaviour & investor sentiment: Evidence from UK mutual funds. International Review of Financial Analysis 71(C).

40. Hwang, S., Salmon, M., 2004. Market stress and herding. Journal of Empirical Finance 11(4), 585–616.

41. Israelsen, R. D., 2016. Does common analyst coverage explain excess comovement?, Journal of Financial and Quantitative Analysis 51(4), 1193–1229.

42. Jin, L., Myers, S. C., 2006. R2 around the world: New theory and new tests, Journal of Financial Economics, 79(2), 257–292.

43. Kraus A., Stoll H. R., 1972. Parallel trading by institutional investors, Journal of Financial and Quantitative Analysis, 7(5), 2107–2138.

44. Kelly, B., Jiang, H., 2014. Tail risk and asset prices, Review of Financial Studies, 27(10), 2841-2871.
45. Kremer, S., Nautz, D., 2011. Short-term herding of institutional traders. European Financial Management, 19(4), 730-746.
46. Kremer, S., Nautz, D., 2013. Causes and consequences of short-term institutional herding, Journal of Banking & Finance, 37(5), 1676-1686.
47. Lakonishok, J., Shleifer, A., Thaler, R., Vishny, R., 1992. The impact of institutional trading on stock prices, Journal of Financial Economics 32(1), 23-43.
48. Li, W., Rhee, G., Wang. S., 2017. Differences in herding: Individual vs. institutional investors. Pacific-Basin Finance Journal 45(C), 174-185.
49. Li, J., Zhang, Y., Feng, X., An, Y., 2019. Which kind of investor causes comovement? Journal of International Financial Markets, Institutions and Money 61, 1-15.
50. Maug, E., Naik, N., 1996. Herding and delegated portfolio management. London Business School.
51. Mohamed, A., Bellando, R., Ringuede, S., Vaubourg, A., 2011. Institutional herding in stock markets: Empirical evidence from French mutual funds. Available at SSRN: https://ssrn.com/abstract=966068.
52. Morck, R., Yeung, B., Yu, W., 2000. The information content of stock markets: Why do emerging markets have synchronous stock price movements? Journal of Financial Economics 58(1), 215-260.
53. Nofsinger, J. R., Sias. R. W., 1999. Herding and feedback trading by institutional and individual investors. Journal of Finance 54(6), 2263-2295.
54. Scharfstein, D. S., Stein, J. C., 1990. Herd behavior and investment. American Economic Review 80(3), 465-479.
55. Shiller, R. J., 1987. Investor behavior in the October 1987 stock market crash: Survey evidence, NBER Working Papers 2446, National Bureau of Economic Research, Inc.

56. Shiller, R. J., 1995. Conversation, information, and herd behavior. American Economic Review, 85(2), 181-185.

57. Sias, R. W., 1996. Volatility and the institutional investor, Financial Analysts Journal, 52(2), 13-20.

58. Sias, R. W. 2004. Institutional herding. Review of Financial Studies 17(1), 165-206.

59. Tan, L., Chiang, C. Mason, J. R., Nelling, E., 2008. Herding behavior in Chinese stock markets: An examination of A and B shares. Pacific-Basin Finance Journal 16(1-2), 61-77.

60. Trueman, B., 1988. A theory of noise trading in securities markets. Journal of Finance 43, 83-95.

61. Trueman, B., 1994. Analyst forecasts and herding behavior. Review of Financial Studies 7(1), 97-124.

62. Walter, A., Weber, F. M., 2006. Herding in the German mutual fund industry. European Financial Management 12(3), 375-406.

63. Wermers, R., 1999. Mutual fund herding and the impact on stock prices. Journal of Finance 54(2), 581-622.

64. Wylie, S., 2005. Fund manager herding: A test of the accuracy of empirical results using UK data. Journal of Business, 78(1), 381-403.

65. Yao, J., Ma, C., He, P., 2014. Investor herding behavior of Chinese stock market. International Review of Economics & Finance 29(C), 12-29.

66. Zheng, D., Li, H., Zhu, X., 2015. Herding behavior in institutional investors: Evidence from China's stock market. Journal of Multinational Financial Management 32-33, 59-76.

67. 蔡庆丰,杨侃,林剑波.羊群行为的叠加及其市场影响——基于证券分析师与机构投资者行为的实证研究[J].中国工业经济,2011(12):111-121.

68. 陈浩.中国股票市场机构投资者羊群行为实证研究[J].南开经济研究,2004(2):91-94.

69. 陈维维,华仁海,韩鑫.开放式基金流动和股票收益关系的实证分析[J].南京财经大学学报,2009(4):29-34.

70. 池国华,张向丽.基金羊群行为与投资组合崩盘风险——基于序贯交易模型的实证研究[J].科学决策,2018(5):30-59.

71. 丁乙.分析师荐股评级调整对我国基金羊群行为的影响[J].现代经济探讨,2018(3):44-53.

72. 丁乙.机构"羊群行为"对我国股票市场波动的影响[J].江苏社会科学,2021(4):120-129.

73. 杜莉,王锋.证券投资基金羊群行为及其市场影响分析[J].吉林大学社会科学学报,2005(3):80-86.

74. 郭伟栋,周志中,李羽瑕,鲍晓丽,李升东.公募基金内部羊群行为研究[J].上海管理科学,2021,43(2):22-30.

75. 胡赫男,吴世农.我国基金羊群行为:测度与影响因素[J].经济学家,2006(6):116-125.

76. 李科,陆蓉,夏翊.基金家族共同持股:意见分歧与股票收益[J].经济研究,2015,50(10):64-75.

77. 李惠璇,朱菲菲,唐涯,李宏泰.盈余公告、分析师推荐与伪羊群行为——基于高频数据的实证检验[J].经济学(季刊).2019,18(3):919-940.

78. 林树,俞乔.机构投资者的羊群行为和反馈交易[J].东南大学学报:哲学社会科学版,2009,11(4):46-49.

79. 刘成彦,胡枫,王皓.QFII也存在羊群行为吗?[J].金融研究,2007(10):111-122.

80. 刘祥东,刘澄,刘善存,陆嘉骏.羊群行为加剧股票价格波动吗?[J].系统工程理论与实践,2014,34(6):1361-1368.

81. 龙海明,颜琨.基于股价同步性视角的机构投资者羊群行为研究[J].学术探索,2015(5):58-63.

82. 祁斌,袁克,胡倩,周春生.我国证券投资基金羊群行为的实证研究[J].证券市场导报,2006(12):49-57.

83. 饶育蕾,王盛,张轮.基于行业投资组合的投资基金羊群行为模型与实证[J].管理评论,2004(12):24-32.

84. 宋军,吴冲锋.基于分散度的金融市场的羊群行为研究[J].经济研究,2001(11):21-27.

85. 孙培源,施东晖.基于 CAPM 的中国股市羊群行为研究——兼与宋军、吴冲锋先生商榷[J].经济研究,2002(2):64-70.

86. 申尊焕,龙建成.机构投资者的羊群行为能降低投资风险吗?——来自中国上市公司的证据[J].财贸研究,2012,23(2):108-114.

87. 施东晖.证券投资基金的交易行为及其市场影响[J].世界经济,2001(10):26-31.

88. 汤长安,彭耿.我国基金羊群行为水平的上下界估计及其影响因素研究[J].中国软科学,2014(09):136-146.

89. 陶瑜,刘寅,彭龙.我国证券投资基金羊群行为及其影响因素研究[J].北京邮电大学学报:社会科学版,2015,17(05):60-67.

90. 田存志,赵萌.羊群行为:隐性交易还是盲目跟风?[J].管理世界,2011(3):180-181.

91. 魏立波.中国开放式基金羊群行为的实证分析[J].重庆大学学报(社会科学版),2010,16(3):35-40.

92. 伍旭川,何鹏.中国开放式基金羊群行为分析[J].金融研究,2005(5):60-69.

93. 吴福龙,曾勇,唐小我.中国证券投资基金的羊群行为分析[J].管理工程学报,2004,18(3):15-17.

94. 吴金娇.上市公司股票机构投资者羊群行为的经济效应研究[J].财会通讯,2021(4):72-76.

95. 许年行,于上尧,伊志宏.机构投资者羊群行为与股价崩盘风险[J].管理世界,2013(7):31-43.

96. 杨明高,尹亚华,刘荣芹.羊群效应的异质性研究——基于财务因子与非线性结构的面板实证[J].财经科学,2019(9):26-38.

97. 禹湘,谢赤,肖贤辉.惯性投资策略对股票收益惯性影响的实证研究——基于证券投资基金经理投资行为[J].财经理论与实践,2007(5):54-58.

98. 赵家敏,彭虹.我国证券投资基金羊群行为及其对股价影响的实证研究[J].系统工程,2004(7):38-43.

99. 赵彦志,王庆石.我国证券投资基金羊群行为研究[J].华中科技大学学报(社会科学版),2005(6):49-53.

100. 张羽,李黎.证券投资基金交易行为及其对股价的影响[J].管理科学,2005(4):77-85.

101. 朱菲菲,李惠璇,徐建国,李宏泰.短期羊群行为的影响因素与价格效应——基于高频数据的实证检验[J].金融研究.2019(7):191-206.

后　记

对我国公募基金的研究，始于笔者在美读博期间。笔者因与合作老师写了一些有关我国公募基金持股和羊群行为的论文，开始慢慢增加了对该研究领域的兴趣，后来逐步对公募基金的羊群行为进行了探讨和研究，其中涉及到了三大研究问题，包括公募基金的羊群行为的测度、公募基金的羊群行为的影响因素和公募基金的羊群行为对股票表现的影响。基于这三大问题，笔者陆续在英文知名期刊上发表了数篇相关论文。考虑到英文论文的篇幅和字数限制，因此想再以专著的形式，把上述这三大问题进行系统研究并出版。

在专著撰写过程中，笔者也遇到了不少困难和问题，比如扩充研究背景，丰富实证内容、完善写作结构和校对撰写。在此过程中，要感谢如下同学的帮忙并附分工内容：姚烨负责撰写第1章"我国公募基金的背景和发展介绍"和第6章"结论和政策建议"并对实证结果进行补充分析；王钰茹负责撰写第2章"我国公募基金的羊群行为分析"并对实证结果进行补充分析；李孟洋和夏珏滢负责写作内容补充、撰写校对和参考文献核对。

最后感谢上海市科委扬帆项目的专项资助和上海大学悉尼工商学院提质增效项目的支持。

薛文骏
2023年2月